元少年Aの殺意は消えたのか

神戸連続児童殺傷事件
手記に見る「贖罪教育」の現実

草薙厚子

イースト・プレス

元少年Aの殺意は消えたのか

神戸連続児童殺傷事件
手記に見る「贖罪教育」の現実

はじめに

『絶歌』から感じた「違和感」の正体

二〇一五年六月十日水曜日。私は普段と変わらない一日の朝を迎えていた。朝食をとりながら、いつものように新聞を開くと、突然、信じられない記事が目に飛び込んできた。

「少年A」が、「元少年A」の名で手記『絶歌《ぜっか》』を出版

手記の内容としては犯行にいたった経緯や事件後の生活、現在の心境などを綴《つづ》っていて、早ければ今日十日から書店に並ぶとあった。年明けに週刊誌で出版の噂《うわさ》に関する記事を読んだのだが、あの噂は本当だったのか。遺族の感情を鑑みると、出版はまずないだろうと踏んでいた。初版発行部数は十万部。出版不況の現在では異例の数字だ。

止まっていた私の時計の針が突然、動き出した。

私は二〇〇四年四月に『少年A　矯正2500日全記録』（文藝春秋《ぶんげいしゅんじゅう》刊、以下『2500日全記録』）という本を出版した。

事件後に少年審判を経て少年院に入所した彼がどのような矯正教育を施されてきたのか、「鉄のカーテン」とされている矯正教育の現場を限界まで取材してまとめたものだ。出版にあたって少年A本人への取材を敢行したかったのだが、残念ながらたどり着けなかったことが唯一の心残りだった。

その後も何度か取材の話があり、消息に関しての噂も耳に入ってきてはいたのだが、結局は実現せずに立ち消えとなり、そのまま時が経過していた。もう自分のなかでも記憶の隅に追いやっていた事件であった。

しかし、この時期に凶悪な少年事件が相次ぎ、再びマスコミをにぎわしていた。少年法の改正問題や厳罰化についての声も各方面から聞こえてきていた。発生から十八年がたったいまでも凶悪な少年事件が起こるたびに引き合いに出される「神戸《こうべ》連続児童殺傷事件」。ネット社会になった現在、彼の信奉者はいまだに見えないところに存在しているのだ。

果たしてその手記には私が知りたかった内容が書かれているのだろうか。また、贖罪《しょくざい》意識（自分が犯した罪を償う意識）は芽生えているのだろうか。最終的に彼は本当に更生しているのだろうか。一刻も早く知りたかった。

しかし、内容以前に、あることが頭をよぎった。それは今回の報道によって新たに一九九七年に起きた神戸児童連続殺傷事件の詳細を知ってしまう少年たちがいるということだ。少年たちが「手記そのもの」ではなく、「事件の行為そのもの」に影響を受けてしまわないか。じつは昨今、相次いで起こっている少年事件は以前に起こった少年事件を「模倣」したものが少なくないのである。

二〇一五年一月に名古屋《なごや》大学の十九歳の女子学生による知人女性殺害事件が起こった。この加害者はこれまで起こった少年犯罪について細かく調べていて、そのなかでもとくに「少年A」を崇拝しており、ツイッターに「32歳の誕生日おめでとう」というつぶやきを残していたのだ。また、この女子学生は高校時代に普通では手に入らない毒薬「タリウム」を手に入れて友人二人の飲み物に混ぜていた事件でも再逮捕されている。これは二〇〇五年に静岡《しずおか》で起こった高校二年生の女子生徒が実の母親を実験台として食べ物に「タリウム」を混ぜて観察日記を書いていたという事件の明らかな「模倣」である。

また、二〇一四年七月に長崎《ながさき》県佐世保《させぼ》市で起こった高校一年生の女子生徒による同級生殺害事件も記憶に新しい。この事件の加害者も少年Aをはじめとする一連の少年事件の残酷な行為について以前から興味があって調べていたという。

もっと前までさかのぼってみる。神戸の事件から三年後の二〇〇〇年に起こった十七歳の少年による佐賀《さが》の西鉄《にしてつ》バスジャック事件。この事件の加害者も少年Aに共感することがあったということが、のちに明らかになっている。

二〇〇五年には大阪府《おおさかふ》寝屋川《ねやがわ》市で十七歳の少年が小学校に侵入して教師を含む三人を殺害した衝撃的な事件があった。この事件の加害者も少年Aに影響を受けているという内容のメモがあったのだ。

このように少年A、「酒鬼薔薇聖斗《さかきばらせいと》」という偶像に影響を受けてカリスマ化、神格化している「予備軍」は今日までずっと途切れることがない。そんな状況のもとで手記が出版され、信じられないことにベストセラーになった、いや、なってしまったのだ。今後、「酒鬼薔薇聖斗」に再び脚光が当たり、当時の事件を「模倣」する少年が出てこないともかぎらない。また、直接的な原因ではなくても「誘発原因」になる可能性は十分に考えられる。

私はすぐに本を手に入れると一気に読み始めた。当時の取材内容を思い出しながら、冷静に、かつ慎重に読み進めていったのだが、しばらくたっても自分のなかに残っている疑問符が句読点に変わることはなかった。そのまま手を止めることもなく淡々とページをめくる行為だけが進んでいった。

そのまま最後まで読み終えたが、予想どおり、肝心なことがすべて抜け落ちていた。事件の直接的な動機や矯正教育に関しての感想や意見、また母親との関係性など、知りたかったことが、ほとんど書かれていなかった。つまり、最も国民が知りたがっている、矯正教育を終えて社会に出てからの「空白の十一年間」を埋めるものが、どこにも見当たらなかったのだ。そのため、この手記には批判が相次ぐだろうということは容易に想像できた。

案の定、被害者の父親である土師《はせ》守《まもる》氏は同日、弁護士を通じて「加害男性が手記を出すということは本日の報道で知りました」とのコメントを発表。大事な子どもの命を奪われた遺族としてメディアに出すようなことはしてほしくないとずっと伝えていたにもかかわらず、完全に無視された形になってしまったため、いますぐ出版を中止し、本を回収してほしいという内容だった。

日本中を震撼《しんかん》させた事件が起こったのは一九九七年のことだった。インターネットで育った二十歳前後の若者たちにとっては事件そのものの記憶はないだろう。ましてや十八歳以下の子どもたちはまだ生まれていない。世間一般の人たちにとっては少年Aが起こした事件はある日を境に突然報道されなくなり、視界から消えたように感じているかもしれない。しかし、被害者家族にとっては事件から一瞬も途切れることなく悲しみが連続した十八年間なのだ。

その日のテレビ、新聞、インターネットでは元少年Aによる手記出版に関してのニュースがいっせいに取り上げられた。大手通販サイトでは『絶歌』（太田《おおた》出版刊）は発売と同時に売り切れとなり、入荷時期は未定となっていた。同時に書店でも売り切れが相次いだ。

一般の声として出版社への非難や倫理的、道徳的な見地から出版に対しては否定的な意見が相次いでいたが、その半面、内容には興味を持っている人が多いということが見て取れた。今回の売り上げの印税を遺族側に寄付することが謳《うた》われていないため、購入する動機も自分なりに解決してからでなければ、あとから自戒の念が押し寄せてくる。この手記本は発売初日からさまざまな重みを孕《はら》んでいる本になってしまったのである。

「あまりにもグロテスクな表現が多く、読まないほうがいいと言われたから読みません」

「遺族の立場や感情を考えたら私は読みません」

読むことを躊躇《ちゅうちょ》している人からはそんな声が多かったようだ。また、読んだ人の感想としては、

「自己顕示欲が強く、自己弁護の本。文章も未熟で読む価値はなかった」

「親として自分は読んだけれども、子どもには絶対に読ませたくない」

そういった感想がほとんどだった。しかし、なかには内容そのものについてではなく、

「謝罪本ではないし、矯正教育がまったく役に立たないことを証明してくれた本」

「こういう人間がいるということを知っただけで読む価値はあった」

など数は少ないが、出版を肯定する声があったのも事実だ。

少年事件の報道に関しては、私たち一般市民はもちろん遺族側も裁判記録などを知ることができない。あまりに不可解な事件で犯行動機が知りたかったとしても、少年法の壁によって守られているため、通常では明らかになることはまずない。このことを考えると、

いつも頭をよぎるのは加害者のプライバシーのみが守られて、被害者のプライバシーは守られないという矛盾した現実だ。

私は『2500日全記録』を上梓《じょうし》した立場から、やはり法務省が特別プロジェクトを組んで行った矯正教育によって彼は本当に更生したのかどうか、あらためて検証すべきときが来たのではないかと感じ、今回の緊急出版となった。

この本は、「元少年A」と名乗る者によって書かれた手記『絶歌』を注意深く読み、行間に隠されている、表に出てこない感情さえも専門家の協力を得て読み解き、分析したものだ。

寛解《かんかい》状態にあり、成長過程にあると診断されていた元少年Aが本当に更生したのかどうか、この本のなかで、できるかぎり明らかにしたいと思う。

草薙厚子《くさなぎあつこ》

元少年Aの殺意は消えたのか　目次

はじめに　『絶歌』から感じた「違和感」の正体　2

第一章　元少年Aが「矯正教育」を書かなかった理由

わずか四行しかない「矯正教育」の記述　18
私が『2500日全記録』に記した矯正教育の全容　22
元少年Aによって欺かれていた精神鑑定　29
真っ向から否定された「母親原因説」　33
精神鑑定と矯正教育への疑念　41

第二章　元少年Aの「贖罪意識」と「自己肯定」
巻末の「謝罪文」に漂う違和感　50
「後悔」はしても「贖罪意識」はない　54
殺害の記述に見る「贖罪意識」の欠如　63
ガンジーやゲバラを自分と同一視する発想　66
太宰治の『人間失格』を模倣した自己演出　71
美化された殺害の「動機」　77
手記は「強者に見せるためのツール」にすぎない　82
第三章　元少年Aの「性的サディズム」は矯正されたのか
裁判所が認定した「性的サディズム」　86

未発達だったAの性的中枢　89
なぜ猫の虐殺シーンを克明に描写したのか　92
なぜ「頭部」に異常にこだわったのか　99
「性欲」と「サディズム」が融合した瞬間　104
「自分が苦しむから人を殺すべきじゃない」という論理　107
父親の涙に対する「ありえない」分析　111
「直観像能力」と犯行の関係　115

第四章　元少年Aの「広汎性発達障害」が見落とされた理由

事件の原因は「心」ではなく「脳」にあった　120
残酷なホラー映像を好むという特性　127
じつはAが広汎性発達障害と知っていた医療少年院　131
広汎性発達障害が「封印」された理由　140

少年事件は「心の闇」だけでは解明できない　147
進まない再犯防止のためのサポート　152

第五章　『絶歌』をめぐる議論を検証する

被害者遺族や支援者は〝どこ〟に怒っているのか　158
出版されるまでの複雑怪奇な経緯　162
元週刊誌編集長が指摘する手記の問題点　168
なぜ元少年Aは「匿名」にこだわったのか　172
「加害者の手記出版」は許されることなのか　177
おわりに　加害少年を「浦島太郎」にしない社会をつくるために　183
参考文献　191

第一章

元少年Aが「矯正教育」を書かなかった理由

わずか四行しかない「矯正教育」の記述

元少年Aの手記『絶歌』を一読後、私のなかにさまざまな疑問が渦巻いた。

まず不可解なのは、Aが「矯正教育」についてまったく書いていないことだ。

手記は二部構成となっており、第一部ではAの生い立ちから土師淳《じゅん》君の殺害にいたった経緯、また逮捕から関東《かんとう》医療少年院に送致されるまでが詳細に記されている。第二部は医療少年院を退院した場面から始まり、その後のAの生活が明かされている。

少年院のなかでも医療少年院に送致されるのは医療的治療が必要だと認められた少年だけである。治療教育が非常に行いやすいシステムになっており、「医務課」と「教務課」という二つの軸がある。

医務課には精神科の医官もいて、役割としては少年自身が自分を知り、犯した罪を理解して新しい生き方を探っていけるように内面からの変化を促すことにある。これに対して教務課は倫理や道徳、社会規範を教える役割を持っている。もちろん教務課の教官たちも内面からの贖罪意識を持たせることを最終的に目指していて、外側と内側の変化の両面からアプローチできるのが医療少年院のシステム的なメリットなのだ。

しかし、手記を何度読み返してもAが六年五ヵ月間を過ごし、本来なら彼にとって重要な意味を持つはずの医療少年院時代の「矯正教育」に関する記述がほとんど見当たらないのだ。

矯正教育について書かれてあるのは第一部の最後に出てくる次のくだりだけである。

〈一九九七年十月二十日。

この日、当事者以外の人たちにとっての「神戸連続児童殺傷事件」は幕を降ろし、僕は、鑑定医たちが「数パーセントのわずかな可能性」と観測した「更生」へと向かって、おぼつかない足取りで歩いて行った〉（一五六ページ、七行目）

わずか四行、しかも具体的な内容を何も書いていないのでは、まったく書いていないのに等しい。

Aは更生したのか、していないのか――。

これは私だけではなく、多くの国民にとって最も知りたいことだろう。

「本当に〝病気〟は治ったのか?」

「再び事件を起こす恐れはないのか?」

医療少年院を退院し、Aが社会に出てから十一年の月日がたった現在も、こうした心配や不安を抱える人たちがたくさんいるに違いない。

それは手記が出版されたあと、各媒体で語られた感想や分析内容が物語っている。そのなかでも、とくに印象的だったのが七月二日に放送されたNHK「クローズアップ現代」の『〝元少年A〟手記出版の波紋』であろう。関東医療少年院で当時院長だった精神科医の杉本研士《すぎもとけんじ》氏は放送のなかで次のように話した。

「乱暴なことをしたなというのがまず第一。ご遺族の方が彼を信用しようと手を伸ばしたところを振り払われたのだから。結果としてこれは失敗と言わざるを得ない」

残念なことに、当時のAの更生にかかわった関東医療少年院の院長である精神科医が「失敗」と判断しているのである。

また、矯正教育にかかわったある職員は、「本を出したことは本人の自由だからしかたないと思いますが、遺族への配慮をしなかったことは残念に思います。ただ、矯正教育のところがすっぽり抜けていて、われわれの教育をどのように感じ取ったか知りたかった。また、このような本を出版するということは、まわりに支える人がいないのだろうと思います。それが気になる」と述べた。

Aが本当に更生したかどうかを知るには医療少年院で受けた矯正教育、なかでも贖罪教育が彼をどのように変え、「成長」させたのか、その成果を検証する必要がある。ところがAの手記ではそこにほとんど触れていないのだ。その部分には大きな疑問を感じた。

神戸連続児童殺傷事件から七年の月日が過ぎた二〇〇四年四月に私は『2500日全記録』を出版した。ちょうどAが仮退院したころだった。

この本は法務省が特別プロジェクトを組んでAに施した矯正教育がどのようなものだったのかについて、その全容を可能なかぎり明らかにしたものだ。しかし、多くの関係者に取材を行ったものの、A本人に会うことはできなかった。

少年法第六十一条には少年が本人と特定できてしまうような内容をメディアで発表することを禁じる条文がある。いわゆる「少年法の壁」と呼ばれるもので、それもあって、どうしても本人取材までたどり着けなかった。

だからこそ私は六年以上におよんだ矯正教育がAをどのように変え、彼自身がどう振り返るのかが知りたかった。しかし、Aは矯正教育などまるでなかったかのように、それに触れることさえ拒んだ。

なぜ、Aは矯正教育について書かなかったのだろうか。私はまずその理由を分析して明らかにすべきだと感じた。

私が『2500日全記録』に記した矯正教育の全容

その理由を考える前に、Aに施された矯正教育がどのようなものだったかを『2500日全記録』をもとに説明しておこう。

一九九七年十月二十日、「少年A」は東京都府中《ふちゅう》市の関東医療少年院に収院された。

この三日前に神戸家庭裁判所がAに対する処遇を「医療少年院送致」と決定。事件があまりにも複雑で深刻なものだったことから法務省は特別な処遇が必要として新たに「生活訓練過程（G3）」という処遇過程を設け、さらにこれまで最長二年だった収容期間についても「必要がある場合は少年院長が定める期間とする」と二年以上の延長も可能にした。

Aは G3適用犯罪少年第一号となったのだ。

彼の部屋は当初、二十四時間カメラに監視される単独の特別室（保護房）だった。部屋にはトイレがあるだけで、頭を打ってもケガをしないようにゴム素材の壁で囲まれていた。

「自分が生きることは無意味だ」

「どうして死なせる自由を与えてくれないのか」

Aが何度もこう話していたことから、自殺を防ぐための配慮がなされたのである。

最初の三カ月間、Aにはさまざまな心理テストが行われた。それと同時に、死を訴える彼に対して医療少年院のスタッフが「生きろ。死ぬことは許されない」と必死に説得する毎日が続いた。

命の尊さを教えるために金魚や熱帯魚の飼育もさせた。生き物の世話をすることを通じて命の大切さ、尊厳、愛情を学ばせようとしたのだ。また、子どもと同じ重さの人形を抱かせ、それを実感させるといったことも行った。

一方、医療少年院ではAの更生に向けて六年五カ月という長期にわたる更生プログラムと、そのためのプロジェクトチームが編成されることになった。

当時、Aの更生には「性的サディズム」「対人接触のあり方」という二つの大きな問題の克服が必要と考えられていた。とくに「性的サディズム」については完全ではないにせよ、通常の方向に改善させなければならなかった。

神戸家裁からも〈性的嗜好を改善して性的な発達を促すための性教育を行うについては、治療スタッフに女性が加わっていることが望まれる〉との要望が出された。そのためには精神科医である院長を筆頭に医務課長、女性精神科医をはじめとする医官全員、女性首席専門官、法務教官、心理技官などによる特別チームが必要だったのである。

このとき重要だったのが、Aの人格を一から再構築する「育て直し」だ。

「親の愛情をいままで感じたことがない、誰からも愛されない、自分は異常で世の中で無意味な人間、魔物なのだ……」

Aはずっとこう思い続けていたとされている。

Aの人格形成に母親の厳しいしつけが大きな影響をおよぼしたというのは医療少年院送致の根拠にもなった見方だ。神戸家裁少年部でAの審判を担当した井垣康弘《いがきやすひろ》元判事は医療少年院送致の決定文の冒頭で〈鑑定人は、１才までの母子一体の関係の時期が少年に最低限の満足を与えていなかった疑いがあると言う〉と述べている。

Ａを更生させるためには、いまの人格を変えるのではなく、赤ちゃんの段階から育て直し、大きな愛情で包み込んで自己肯定感を獲得させなければならなかった。

最初は一対一の人間関係から始め、安定した人間関係を築かせ、それから徐々に接する人数を増やしていく。さらに社会常識や良識、他人の気持ちなども理解させ、そのうえで自己表現する力を育む。まさにＡという少年を一から育て直そうとしたものだった。

この疑似家族による「育て直し」で母親役を担い、本当の母親のようにＡに愛情を注いだのが特別チームの女性精神科医だ。

しかし、Ａは一年たっても心を閉ざし、生きる気力も失ったままだった。

十五歳のころにはほかの院生とこんな会話を交わした。あるとき、好きなテレビ番組を聞かれて「『HEY! HEY! HEY!』（引用者注・当時放送されていたフジテレビ系列のダウンタウン司会による音楽番組）好きですよ。ヘイヘイおじさん、松ちゃん（引用者注・松本人志《まつもとひとし》）のギャグは最高ですね。おもしろいですね、あの人」と答えた。Ａはその理由を手記でこう書いている。

〈僕がダウンタウンに強く惹きつけられたのは、松本人志の破壊的で厭世的な「笑い」の底流にある、人間誰しも抱える根源的な「生の哀しみ」を、子供ながらにうっすら感じ取っていたからではないかと思う。にっちもさっちもいかない状況に追い詰められた人間が「もう笑うしかない」と開き直るように、顔を真っ赤にして、半ばヤケっぱちのようにギャグを連射する松本人志の姿は、どこか無理があって痛々しかった。彼のコントを見て爆笑したあとに、なぜかいつも途方もない虚しさを感じた〉（二七ページ、六行目）

また、ほかの院生に自分が起こした事件について話したこともあった。少年院では院生同士がどんな犯罪を犯したかについて会話するのを規則で禁じているが、目を盗んでこんなことを口走っている。

「僕も結構、人殺したんですよ。あったでしょう、神戸で……」

院生たちはショックを受けつつAに質問を浴びせ、それに対してAは難解な論理と言葉で答えたという。

だが、医療少年院の教官に心を開くことはなかった。ある日、診察室で教官のひとりと話をしていたAは突然、大声で絶叫して教官に殴りかかった。「ねちっこく責めてくる先生の言い方にムカツイたから」だったという。

正月の書き初め大会では「もっとうまく書け」と教官に言われると鋭い眼光で凝視して「なんか、気分悪いですね」とボソッとひとこと返して周囲を凍りつかせたこともあった。

こうした状況で一年以上が過ぎたころ、Aの心を揺さぶる出来事が起きた。

当時の男性法務教官のひとりは、Aに殺害された山下彩花《やましたあやか》ちゃんや土師淳君と同じ年齢の子どもを持つ親だった。

子どもの親として被害者遺族の悲痛な気持ちがよく理解できる一方で、Aのことも更生させなければならない。そんな葛藤を抱えて矯正教育に向き合っていたが、当のAは一年が過ぎても回復に向かう兆しがなく、その言動には事件に対する反省もない。さらに感情の起伏がなく、本心もまるでわからない。

苦しんだ教官はある日、感情を爆発させて涙を流した。

「お前は、なんでこんなことやってしまったんだ！」

これまで自分のことなど誰も気にとめていないと思い込んでいたAは、「親でもない他人が、なぜ自分のことで涙を流してまで言ってくれるんだろう」と驚いたという。この世に自分のことを思ってくれている人間が存在することを初めて知った。

のちにAは交換日記に男性教官のことを「お父さんのようだ」と書いている。

この教官が「お父さん」なら、さらに重要な「お母さん」の役割が女性精神科医だったのである。

「性格異常。治らないわよ」

女医にこんな挑発的なことを言われて反発を覚えたAだったが、彼女は通常なら週一回程度の診察にもかかわらず毎日のようにAに話しかけ、母親のようにやさしく接した。次第にAも女医に心を開き、冗談を言ったり、甘えたりする様子まで見せた。それは母親との家族愛というだけではなく、恋愛感情に近いものだったともいう。

手記には矯正教育において大きな役割を果たしたこの二人に関する記述がない。疑似家族を通して感じたことを述べることが最も世間一般に対して「更生することができた」証拠となるのではないだろうか。しかし、その時期のことが手記ではほとんど抜けている。

Aにとって矯正教育は自分が別の人格に変わっていく過程でもある。たしかに書きづらい部分があったのかもしれない。しかし、たったの四行しか触れられていないのはあまりにも不自然だ。

彼が矯正教育について書かなかったのは、何か別の理由があるのではないか。

元少年Aによって欺かれていた精神鑑定

その理由は手記のなかに隠されていた。

手記を読んでいくと、自分自身の精神鑑定に関してAが反発するくだりが出てくる。

事件から約二カ月後の一九九七年八月から行われた精神鑑定でAを担当したのは二人の精神科医だった。このうち四十代の助手的存在の医師を、Aは手記で「ワトソン」と名づけ、その印象について次のように書いている。

〈初めてワトソンと面と向かったこの時から、僕は全身が強張《こわば》るのを感じた。ダフネ君（引用者注・Aの同級生）を殴った二日後の五月十六日から逮捕される四日前の六月二十四日まで通った児童相談所の職員とも、取り調べにあたった百戦錬磨の刑事とも、明らかに異

質なオーラを放っていた〉（一三一ページ、三行目）
〈それまでは相手が誰であろうと、自分が隠したいと思ったことは見抜かれない自信があった。だがワトソンの眼は、まるでこちらの言葉の裏にある本心を見透かしているようで、不気味だった〉（同一〇行目）
自分の精神鑑定を行う医師のひとりを不気味に感じつつ、ある意味でほかの誰よりも認めていたという。このときの心境をAはこう記している。
〈だが僕は、未だかつて遭遇したことのないタイプの〝強敵〟を目の当たりにし、心が震えた。武者震いだった。恐怖心は一瞬にして闘志へと挿《す》げ替わった〉（同一三行目）
〈隠したいことは隠したまま、それまでせっせと溜めこんだ異常快楽殺人のマニアックな知識を総動員して、自分が思い描くとおりの「異常快楽殺人者」のイメージ像をこの人に植え付けたい衝動に駆られた〉（同一六行目）
これが本当なら、この記述は非常に大きな意味を持つことになる。
Aの矯正教育は彼が「ワトソン」と呼ぶ医師を含む二人の精神科医の鑑定結果を前提にプログラムされたものだった。Aはその精神鑑定で「ワトソン」がイメージしていたとされる「異常快楽殺人者」を演じる衝動に駆られていたと述べている。

二人の精神科医は最初のAとの面談の際に単刀直入に「君はマスターベーションの時にどんなことをイメージするの？」と質問した。精神科医が最初に性的な質問をするのは常道だが、Aは動揺しつつ、先の言葉のとおりに彼らが求める「異常快楽殺人者」を演じてみせたという。

〈ヘタな小細工やまったくの作り話が通用する相手ではない。〝肉を切らせて骨を断つ〟でいくしかない。僕は祖母の部屋での精通と淳《じゅん》君に抱いていた両価的《アンビバレンス》な想いだけを隠し、あとは極端に事実を捻《ねじ》曲げたりせずに、自分なりに考えた「史上最年少シリアルキラー」のストーリーに沿って話すことにした。

簡単に理解させはしない。それは僕の精神のジャングルに分けいってくるこの孤独な狩猟者への、僕なりの〝礼儀〟だった。

僕は動揺を悟られないように平静を装いながら静かに答えた。

「人を殺して身体を裂き、内臓を貪《むさぼ》り喰うシーンを想像します」〉（一三四ページ、一行目）

Aが演じてみせたというこのストーリーは、精神鑑定やその後の医療少年院における矯正教育に決定的な影響をおよぼした。事実、神戸家裁の井垣元判事も二〇一五年七月十日に発売された『文藝春秋』八月号の「元少年A『絶歌』に書かなかった真実」と題する文章で〈中井先生らはこのやり取りで、事件の構図はだいたい読めたといいます〉と認めている。

中井先生とはAの精神鑑定を行った精神科医のひとりである。井垣元判事はその分析をもとにAの精神鑑定主文を作成して医療少年院送致を決定した。

しかし、Aはこのストーリーは「嘘《うそ》の答え」であり、それを「ワトソン」らが信じ込んだと書いている。

〈事実のちに彼らは、

「この最初の質問で事件の構図の九〇パーセントが把握できた」

と語った〉(同一〇行目)

まるで鑑定を行った精神科医を自分の思いどおりにコントロールしたかのようにうそぶいている。

私自身も『2500日全記録』の取材のためにさまざまな関係者に会うなかで、矯正教育にかかわっていたある関係者から「Aはマスターベーションする際に人間を貪り食うシーンを連想する」と聞かされていた。

ということは、Aに対する矯正教育はその前提から落とし穴があった可能性が否定できないのである。

もちろん彼は二人の精神科医にすべて嘘を答えたわけではない。おそらく大半の部分は本心を話している。だが、重要なのはAが精神鑑定を欺く意図を持っていたことだ。実際に彼は精神鑑定では隠していたいくつかの事実を手記で明らかにしている。

真っ向から否定された「母親原因説」

手記からもうひとつ、Aが精神鑑定に強く反発している部分を挙げよう。

先に述べたように、Aの人格や事件の背景には母親の存在が大きな影響をおよぼしたとされている。

彼は家族に愛されていないと感じて母親を異常に恐れていた。逮捕後も三カ月近くにわたって面会を拒み続けている。その後、面会に来た両親に対しては〈はよ帰れやブタぁー!〉(二四一ページ、二行目)と興奮して大声で叫んだ。このとき、目に涙をためて上目遣いで両親を睨みつけたという。

Aは以前、淳君の殺害後に自宅に帰ったときの母親の様子についてはこう表現していた。

「帰ってきて玄関の戸を開けたら、お母さんがテレビを見ながら大笑いしてた。僕はその時すごい衝撃を受けた。もちろん親にはまったく分からないように、一〇〇パーセントの自信を持っていたんですけれどもそれにしても、僕がやったことはお母さんはどこかで分かるかもしれない。お母さんにえらいことをしたと分かってほしかったんや、でも全く分からなかった。そこで僕はすごい衝撃を受けて、僕の母親はやっぱしブタ野郎だ、あいつは人間やない、母親じゃないと思った。あの時すごいショックを受けた」

さらに医療少年院時代のホームルームで家族のイメージを語り合ったときにも、Aは母親についてホワイトボードにこんなことを書いている。

「かわいいブタ、死ね」

Aはのちにこの言葉の意味をこう解説した。

「〝かわいい〟っていうのはその通りなんですよ、ほんとに可愛らしい感じの母なんですよ。〝ブタ〟というのは、母の体格そのものを示してるんです。だから僕ね、ちょっと冗談なんですけど、母が作業やってる時、後ろから隙を窺っていきなり思いきりけつを叩くんですよ、ばちーんと。それで思いっきり逃げるんですよ。〝死ね〟っていうのは愛憎で、憎しみという部分だと思うんですけど、その部分についてやっぱりほんとに〝死ね〟っていうイメージしかない……」

また、母親自身、Aとの関係に問題があったことについて、事件後に出版した手記『「少年A」この子を生んで……』（文藝春秋刊）で認めている。

このため精神鑑定では母親の厳しいしつけが広義の虐待とされ、神戸家裁から「母子関係の改善を図るよう」要望が出された。井垣元判事は神戸新聞（二〇〇〇年十一月二十九日付）にこう寄稿している。

〈少年Aを生まれたての赤ん坊の時期まで巻き戻し、その状態から「母」の愛を惜しみなく与えて育て直すことを期待して少年院に送った〉

そこで医療少年院の矯正教育では疑似家族によるAの「育て直し」が行われ、母親役の女性精神科医が大きな愛情で彼を包み込むとする処遇プログラムになっていく。

ところがAは手記で〈母親を憎んだことなんてこれまで一度もなかった〉（一五〇ページ、一四行目）と精神鑑定や神戸家裁の見方を真っ向から否定しているのである。

たとえば手記には母親とのこんなエピソードが書かれている。

暗闇が怖かったというAは、幼少期や小学生時代に夕暮れの公園で友だちと別れると無我夢中で一目散に〈母親の待つ家へ駆け足で帰って行った〉（二五ページ、一五行目）という。〈鍵はいつも開いていた。靴を脱ぐとキッチンから「おかえりぃ」と母親の声がする。その一言で、ついさっきまでの恐怖感が嘘みたいに消えた〉（二六ページ、二行目）

また、母親と一緒にコメディ映画を見たときのことを〈自分の隣で声をたてて笑う母親の笑顔が見たかっただけだ。僕のこの世でいちばん好きだったものは母親の笑顔だった〉（一五〇ページ、四行目）と書き、母親に〈「兄弟三人の中で誰がいちばん好き?」〉（同七行目）と聞いたこともあったという。母親は声をひそめて〈「あんたに決まっとおやん」〉（同九行目）とささやいたとしている。

さらにAは猫を殺して性的興奮を覚えたことをひとりの同級生に告白したことを手記で

明かし、この同級生を激しく殴打してナイフを振りかざしたとも書いている。

その際に両親に「悪口を言いふらされた」と嘘をつくと、母親は静かにAをこう諭したという。

〈そぉか。それはあんたも辛かったな。せやけど、いくら悪口言いふらされても、暴力振るってもうたら、最終的にはあんたが悪者にされてまうねんで〉（八一ページ、一三行目）

〈先生に相談でけへんのやったら、お母さんに言うてくれたらあんたの代わりに言ってあげるから〉（同一五行目）

母親は自分とともに同級生宅に謝りに行き、学校をしばらく休みたいと言うAに〈あんたがそないしたいんやったら、それでもええよ〉（八五ページ、五行目）と受け容《い》れ、こんなふうに励ましてくれたとしている。

〈「元気出しぃな。学校に合わんでも世の中で成功しとる人はぎょうさんおるんやで。あんたはあんたの道を探したらええねん。学校行かんかったからって人生終わるわけやないんやし」〉（同一〇行目）

淳君殺害は母親とともに同級生の家に謝りに行った十日後のことだった。

逮捕されて取り調べを受けた当初、Aは犯行事実をのらりくらりと否定して担当刑事を睨《にら》みつけた。このときも彼の脳裏に母親の顔がよぎったと手記で告白している。

〈このままダンマリを決め込んでいれば、家に帰されるのだろうか？ 家に帰って、母親に何と説明すればいいだろう？ また母親に嘘をつかなくてはならない。また母親を騙さなければならない。母親はきっと僕の言葉を鵜呑《うの》みにして、僕を全面的に信じるだろう〉（一二ページ、一〇行目）

そして不意に涙が止まらなくなり、ついにAは自供を始めた。

このように手記にはさまざまな場面で母親をかばうエピソードが出てくる。それはまるで精神鑑定や神戸家裁が認定した「母親原因説」を真っ向から否定しようとしているかのようでもある。

実際にAは〈僕の起こした事件と母親には何の因果関係もない〉（一五一ページ、一行目）としたうえで、手記にこう書いている。

〈誰もかれもが母親を「悪者」に仕立て上げようとした。ともすれば事件の元凶は母親だというニュアンスで語られることも多かった。裁判所からは少年院側に「母子関係の改善をはかるように」という要望が出された。そんな状況の中で、いつしか僕自身、「母親を悪く思わなくてはならない」と考えるようになってしまった〉（同一六行目）

母親が原因というのは逮捕後に周囲から押しつけられたもので「刷り込み」にすぎない。

〈いかにもドラマ仕立てのストーリーはわかりやすいし面白い〉（同三行目）というのである。

だが、Aと母親の関係に問題があったのは事実だろう。

Aは仮退院直後に一度だけ父親に会って一緒の時間を過ごしている。手記には「父の涙」と題された章があり、そこには父親の故郷である奄美《あまみ》群島の沖永良部島《おきのえらぶじま》やそこの親戚たちへの懺悔《ざんげ》が記されている。

〈生まれて初めて父親の涙を目にしたのは、父親と最後に会った日――二〇〇四年七月下旬、少年院を仮退院して最初の誕生日を迎えたばかりの、蟬《せみ》の啼音《なきね》がさんざめく夏の夜だった〉（二〇八ページ、四行目）

民間サポートチームの計らいで人里離れた山奥のコテージで父親と再会したAは、そこで二日間を過ごして父親に事件後初めて謝罪をしている。

〈父さん、僕ら五人はほんまに普通の家族やったよな。ほかのみんなと同じように、家族で一緒に出かけたり、誕生日を祝ったりして、幸せやったよな。僕さえおらんかったらよかったのに。なんで僕みたいな人間が父さんと母さんの子供に生まれてきたんやろな。ほんまにごめん。僕が父さんの息子で〉（二一五ページ、一五行目）

次の瞬間、父親はAから目を逸《そ》らし、肩を震わせ、声を殺して泣き始めたという。この直前には父親にいちばんうれしかったことは何かと聞き、〈おまえが生まれた時や〉（二一四ページ、一七行目）と言われたエピソードも誇らしげに明かしている。

しかし、一方でAは母親とは仮退院した二〇〇四年以降は一度も会っていない。丸々一章を費やして父親との交流を書きつつ、手記に出てくる母親とのエピソードは事件前や少年院の面会などにかぎられている。

にもかかわらず、手記では母親をかばい、母親に対する思いを強調しているのだ。

その理由は、やはり精神鑑定や矯正教育にあるのではないだろうか。

Aに対して行われた矯正教育はある意味、「実母に対する否定」でもある。その母親を肯定してみせるというのは矯正教育そのものの否定につながっていく。

彼は精神鑑定や矯正教育に強い反発を覚えている。だから鑑定を欺いたとうそぶいて母親を肯定してみせた。手記に矯正教育の記述がないのはそういう理由なのではないか。

精神鑑定と矯正教育への疑念

私は以前からAに対する鑑定結果や矯正教育に「ある疑念」を抱いていた。

そもそもAがこのような手記を出し、そこで精神鑑定や矯正教育を否定していること自体が、残念ながら更生プログラムがうまく機能しなかったというひとつの証《あか》しでもある。

Aに対する矯正教育は、ある時期までうまくいっているようにも見えた。

こんなエピソードが残されている。

Aはある時期から母親役の女医を「お母さんのような人」と慕うようになった。あるとき、ほかの院生たちがいやらしい冗談を言いながら女医を小バカにするような会話をしたことがあった。その瞬間、Aは無言のままボールペンをわしづかみにしてペン先を院生に向けたという。ペン先を向けられた当の院生は私の取材にこう証言している。

「あのときは本当に恐ろしかった。彼はやっぱり嫌いな相手には容赦がないんです。ただ、愛すべき人、大切なものは本当に大事にしていました」

Aは女医を母親としてだけではなく、キスを迫るなど異性として「好き」という感情も持っていた。これはAが初めて異性に関心を抱いた出来事だった。

医療少年院入院から二年半ほどがたったころには明らかな、そして重大な変化も表れている。入院後にAは一度もマスターベーションをしていなかったが、ある日、職員にこう言ってきた。

「部屋の真上にある監視カメラをどけてほしい。あれがあると自慰（マスターベーション）ができなくていやだ」

未熟だった性中枢が普通の青年のように発達し始めた兆候だと少年院の職員は喜んだ。

事件当時、Aは同じ年代の男の子が抱くエロティックなイメージでは自慰行為ができなかったと言われる。一般的な男子は女性のヌード画像や映像を見て興奮を覚えるが、Aは人間を殺害するシーンや残虐なシーンを思い描いていた。

だが、自慰行為をしたいと言い始めたこの時期に、Aは女性のヌードグラビアを欲しがったという。女性の性器や胸など異性の裸に興味を抱くようになった。

　このころになると医療少年院側はAに自殺の恐れがないと判断して自殺防止用の監視カメラのスイッチが切られた。そして男性教官とは性的なことも話すようになった。以前のAは「死にたい」と繰り返してばかりだったが、二年半が過ぎたころには「死にたい」が「無人島にひとりで住みたい」に変化したのだ。

　同時にもうひとつ行われたのが、事件の被害者や遺族に対して贖罪意識を持たせることだった。

　入所二年半が過ぎたあたりから、まず土師淳君の父親・守さんの手記『淳』（新潮社《しんちょうしゃ》刊）、三年目には山下彩花ちゃんの母親・京子《きょうこ》さんの『彩花へ「生きる力」をありがとう』（河《かわ》出《で》書房新社刊）をAに読ませた。

　そこにはAの両親が書いた『「少年A」この子を生んで……』も含まれていた。それも一度だけではなく何度も繰り返し読ませたという。被害者遺族の深い悲しみを具体的に理解させるために、教官と徹底的に話し合う時間も持たれた。

　また、ロールレタリング（役割交換書簡法）も取り入れられた。これは自分が相手を想定して手紙を書くだけでなく、相手の気持ちや立場に立って「自分に」手紙を書くという手法だ。最初は自分から被害者に宛てた手紙を書き、次に被害者が自分に宛てた手紙を書き、自分への理解や他者への理解を促していくのである。このロールレタリングもAの母親や父親、被害者家族を対象に何度も繰り返された。

さらにソーシャルスキル・トレーニングも行われた。これは対人関係や交遊関係の基礎を意識的にトレーニングさせて、対人関係を改善するための具体的な解決方法を探るというものだ。

こうした結果、周囲もAが他人の感情を汲《く》み取ることができるようになったと感じ始めた。教育にあたった教官たちも、このころのAには贖罪意識が芽生えてきたようにも見えたという。

入所から丸四年が経過して十九歳になると、Aの矯正教育に新たなプログラムが加わった。社会復帰に向けた職業訓練である「出院準備教育課程」の一環として、宮城《みやぎ》県仙台《せんだい》市にある東北《とうほく》少年院に移送されたのである。

ここでは本名とは違う、医療少年院にいたときの名前とも違う名前を与えられ、内容を伏せられたうえで訓練が行われた。一クラス二十人あまりの集団で訓練して四人部屋で生活するという初めてのミニ社会生活である。Ａは毎日のように新人に対する軽いいじめにあったというが、些細《ささい》なことはこだわらずに受け流すことや、自分から笑顔で話しかけること、お礼を言うときも笑顔など人間関係や集団生活の基礎を会得していったとされる。

その後、神戸家裁の審判でさらに二年半の少年院収容が決定され、東北少年院での一年間の「出院準備教育課程」、再び関東医療少年院に戻って最終的な「出院準備教育」を受けて、二〇〇四年三月十日に仮退院。関東医療少年院の関係者はＡに対する矯正教育の成果にこう胸を張った。

「性的サディズムは完治し、普通の青年になっている。精神科医のケアはほとんど必要ない」

法務省も「Ａは寛解した」という表現で矯正教育の成功を認めた。寛解とは完治とは言えないが、症状が継続的に軽減または消失することを意味する医学用語である。Ａは社会的にほぼ適応できると判断されたということだ。

当時、男性教官は疑似的な父親として子どもを信じたい気持ちがあったに違いない。私に対して次のように語った。

「彼の性的サディズムは治ったんです。マスターベーションの話もしましたよ。具体的にはちょっと言えませんが、女性の話や性の話は一対一でしました」

そして私自身も本当に治ったかどうかはわからないにせよ、「育て直し」による矯正教育はある程度は成功したと考えていた。

しかし、Aの手記を読むかぎり、それは間違いだったと言わざるをえない。

くわしくはこれから検証していくが、手記にある幼稚で未熟な記述や被害者遺族への配慮が感じられない表現の数々。これらを見ると、Aが変わり、成長し、完全に更生したとは思えない。

これについては第四章でくわしく述べるが、何よりも私は原因は「性的サディズム」「行為障害」の二つだけと診断した精神鑑定結果に疑念を抱いている。

仮にAに対する精神鑑定になんらかの判断ミスがあったとするなら、それをもとにして作成された矯正教育の処遇計画や贖罪教育だけに頼っていた場合、果たして更生できたと言い切れるのだろうか。

「性的サディズム」の矯正は成果があったとしても、「社会性の欠如」はこの手記からは矯正されなかったと読み取れる。Aにとってはいやで思い出したくない矯正教育の内容。そうだとしたら、Aにとっても、また被害者や被害者家族にとっても、結果として不幸な矯正教育が行われていたと言わざるをえない。

第二章

元少年Aの「贖罪意識」と「自己肯定」

巻末の「謝罪文」に漂う違和感

矯正教育の成果に疑問符がつくなら、贖罪意識はどうだろうか。

空白の十一年間を経て元少年Aがいま、事件や被害者、残された家族に対してどのような考えを持っているのか。それも多くの人たちが知りたいことであるに違いない。

Aの事件をきっかけに特別な処遇分類級である「G3」が設けられたことについては第一章で述べたが、贖罪教育についても「贖罪教育指導」として初めて明文化された。矯正局教育課長通知、『生活訓練課程の細分に新たに設けられた対象者の処遇方針、処遇内容等について』というものである。

もちろん、それまでの矯正教育でも贖罪教育は行われていた。Aの事件前はおのおのの教官に任せており、「充分に反省し、もう過去は忘れて新しい人間に生まれ変わって生きて行け」と非行少年を社会に戻すことが中心であった。しかし、過去の贖罪教育が見直され、「罪障感の覚せい」、つまり「罪に目覚めさせること」と「被害者及びその家族等に謝罪する意識のかん養」を目的とした教育が活発に少年院で実施され始めたのである。

これらの教育は加害少年がみずからの行為を振り返り、その行為の意味と結果がどうであったかを認識させ、贖罪意識をゆっくり養い育てることで再犯を防ぐというものだ。

Aの手記『絶歌』には、巻末に「被害者のご家族の皆様へ」という一文がある。見てわかるとおり、これは手記を手に取った一般の読者ではなく、あくまで被害者家族に向けて書かれたものだ。そこには〈深くお詫び申し上げます〉(二八八ページ、一行目)、〈本当に申し訳ありません〉(二八八ページ、二行目)といった文面の「謝罪」の言葉が使われている。

しかし、私はこの謝罪文に強い違和感を覚えた。

彼は「被害者のご家族の皆様へ」で手記を出版した理由をこう書いている。

〈もうこの本を書く以外に、この社会の中で、罪を背負って生きられる居場所を、僕はとうとう見つけることができませんでした〉(二八九ページ、七行目)

〈自分の言葉で、自分の想いを語りたい。自分の生の軌跡を形にして遺したい。朝から晩まで、何をしている時でも、もうそれしか考えられなくなりました。そうしないことには、精神が崩壊しそうでした。自分の過去と対峙し、切り結び、それを書くことが、僕に残された唯一の自己救済であり、たったひとつの「生きる道」でした〉（二九三ページ、一五行目）

続けて山下彩花ちゃんや土師淳君がどれだけ「生きたい」と願っていたのか、生きることの素晴らしさがわかったということを書き連ねていく。

〈自分は生きている。

その事実にただただ感謝する時、自分がかつて、淳君や彩花さんから「生きる」ことを奪ってしまったという事実に、打ちのめされます。自分自身が「生きたい」と願うようになって初めて、僕は人が「生きる」ことの素晴らしさ、命の重みを、皮膚感覚で理解し始めました。そうして、淳君や彩花さんがどれほど「生きたい」と願っていたか、どれほど悔しい思いをされたのかを、深く考えるようになりました〉（二九一ページ、一五行目）

神戸家裁の審判や医療少年院の入院後はあれだけ何度も「死にたい」と口にしていたAだが、いまや「生きたい」という気持ちを強く持つようになったわけだ。

これは、たしかに矯正教育の成果と言えるかもしれない。Aは何度も「生きる」「生きたい」「生きさせてほしい」とダイレクトな言葉を使って強調する。

〈頭ではそれを理解していても、自分には生きる資格がないと自覚すればするほど、自分が死に値する人間であると実感すればするほど、どうしようもなく、もうどうしようもなく、自分でも嫌になるくらい、「生きたい」「生きさせてほしい」と願ってしまうのです。みっともなく、厭《いや》ったらしく、「生」を渇望してしまうのです〉（二九二ページ、六行目）

問題は、果たしてこれが「謝罪」なのかということである。

Aが生きたいと強く思うことを阻止する権利は誰にもないが、あえて「生」を渇望していることをここで書く必要があったのだろうか。

被害者の遺族がどう受け取るかは別にして、ここは幼い二人の命を奪われ、想像を絶する悲しみと痛みを抱えることになった遺族に向けて、可能なかぎりの謝罪の言葉を書くべきところだ。

だが、この謝罪を読むと、彼にとって重要なのはそこではないように思える。

Aは幼い二人の命を奪っておいて〈「生きたい」などと口にすること自体、言語道断〉（同四行目）としながら、その直後に〈生きることは尊い。生命は無条件に尊い〉（同一六行目）と自分に言い聞かせるかのように書いている。

この文章から感じるのは、A自身の生きたいという自分の気持ちだけだ。被害者遺族への謝罪より、あくまでも自分の「生きたい」という感情のほうが大切であるかのように読み取れる。

この謝罪文はAの気持ちが「主」で、肝心の謝罪が「従」になっているのだ。

「後悔」はしても「贖罪意識」はない

手記には事件に対するAの「後悔」を感じさせる記述が随所に出てくる。

たとえば前章でも触れたように、関東医療少年院に入って二年目の夏、Aは贖罪教育の一環として彩花ちゃんや淳君の両親が書いた手記を繰り返し読むことを始めた。おそらくAは十回以上は読んでいるはずだ。遺族が味わっている、語り尽くせない深い悲しみを具体的に理解するため、男性教官とも徹底的に語り合った。

そのときのことについて、Aは手記でこう振り返っている。

〈二冊とも読み終えると、喉がカラカラに渇いていた。僕は椅子から立ち上がり、独房の奥の洗面所に向かった。蛇口をひねり、プラスチックのコップに水を入れ、一気に三杯飲み干した。

その日の夜から、僕はほとんど眠れなくなった。布団に入ると、犯行時の様子が繰り返し繰り返しフラッシュバックした。泣き叫ぶ淳君。最後まで僕を見ていた彩花さんの眼差し。二人の声。仕草。気配。匂い。（中略）何もかもが鮮明に、手を伸ばせば触れられるほどリアルに、眼の裏にありありと映し出された〉（二〇四ページ、五行目）

次第にAの精神は不安定になって睡眠薬や向精神薬を投与され、一日中パジャマ姿で部屋に引きこもるようになったという。そして「死にたい」とは口にしなくなったものの、あらためて自分が犯した罪と向き合ったことで、「このまま壊れてしまいたい」と書いている。

〈自分が壊れていくのがわかった。情けなく、許されないことであるが、ふと、このまま壊れてしまったほうが楽かもしれないとも思った。脆弱極まりない僕の精神では、自分の引き起こしたこの余りにも重い現実を、受け止めきれなかった〉（同一三行目）

幼い二人の命を奪ったのが自分であることに身をよじるようにして苦しんだことで、当時、少年院に勤めていたある教官は、「贖罪意識の喚起はできた」と私に語っていた。
また、医療少年院の出院後に仕事を教わった先輩の家で一緒に夕食を食べたときの記述にもAの「後悔」が見て取れる。
ローンを組んで買ったばかりという先輩のマイホームを訪れると、そこでAを出迎えてくれたのは先輩、その妻、彼らの小学生の娘の三人だった。その瞬間、Aは説明のつかない恐怖感にとらわれ、ここに来るべきではなかったと激しい後悔に襲われる。
〈テーブルについても、僕は食事が喉を通らなかった。僕の眼の前では、快活で、はきはきとしゃべる彼の娘さんが、学校生活や友人のことなどを楽しそうに話し、たまに、僕にいろいろと質問した〉(二七三ページ、七行目)
〈無邪気に、無防備に、僕に微笑みかけるその子の眼差しが、その優しい眼差しが、かつて自分が手にかけた幼い二人の被害者の眼差しに重なって見えた〉(同一一行目)
そして彩花ちゃんや淳君の無垢《むく》な眼差《まなざ》しや犯行時の生々しい記憶が脳裏にフラッシュバックし、Aは耐え切れず、いたたまれなくなり、ついにその場から逃げ出してしまったという。

〈僕はあろうことか食事の途中で体調の不良を訴えて席を立ち、家まで送るという先輩の気遣いも撥《は》ね退け、逃げるように彼の家をあとにした〉（二七四ページ、一行目）

こうしたくだりに、事件に対するAの「後悔」が見て取れるのは事実だろう。

しかし、後悔らしきものは見られても、手記には肝心なものが欠けている。

それは「他者への共感力」だ。食事をしている相手がこのあとでどのような気持ちになるかということも考えられず、自分の苦しみから逃れたいという気持ちが優先している。

通常、社会で生きていくなかで誰もが我慢しなければならない状況に陥ることは当たり前のようにある。

そのような環境のもとでコミュニティに溶け込んだり、そこで円滑な人間関係を築いたりすることができて初めて社会復帰や更生ができたと言える。

人と交じり合おうとすればするほど当然、自分のことを話す機会が増える。すると、たちまち行きづまってしまう。コミュニティに溶け込もうと思えば思うほど、自分の過去のことも説明しなければならないと感じるようになるからだ。

しかし、Aは本名や年齢を隠さなければいけないと強く思っている。そのため、何ひとつ本当のことが言えない。

これは殺人を犯した人が必ずぶつかる壁であり、逃れられない現実だ。相手が親しくしてくれればくれるほど、親切にしてくれればくれるほど本当のことを打ち明けたいという衝動が出てくるが、絶対に打ち明けてはいけないという逆の気持ちが自分自身に突きつけられる。

目の前で快活に話をしている娘さんと被害者が重なってしまったというのがこの場面だろう。このような「現実の壁」は予期せぬ形で繰り返しやってくる。決して避けては通れない道なのだ。逃避するのではなく、それを受け容れ、乗り越えて進んでいかなければならないということだ。

このように、手記では「自分がいかに苦しんでいるか」については詳細に語られているが、他者への共感や、今後どうやって罪を償っていくかということに関してはほとんど言及していない。

たしかにAが贖罪について考えるシーンはいくつか出てくる。保護観察期間が終わって本退院となった二〇〇五年の元旦に、Aはまずどうやって罪を償うかを考える。

〈青味が皮膚に色移りしそうな晴れ渡る空を見上げ、僕は被害者の方たちのことを思った。淳《じゅん》君のご遺族、彩花《あやか》さんのご遺族は、今自分が見上げるこの青空を、どのような思いで見上げているのだろう……。

――もし本当に罪が償えると思っているなら、それは傲慢だと思うし、所詮言い逃れにすぎない――

淳君のお兄さんがドキュメント番組で口にしたこの言葉が、僕の見上げる空に響き渡る〉（二二六ページ、一二行目）

自分が更生しても淳君も彩花ちゃんも戻ってくることはない。謝罪するのはただの自己満足でしかないとし、どうすればいいのか明確な答えが出せず、「償うとはどういうことか」と思い悩むのである。

〈贖罪とは何なのか、罪を背負って生きる意味は何なのか、迷いを抱え何ひとつ明確な答えも出せず、ただYさんや弁護士に言われるまま被害者に手紙を書いて、お前はいったい誰に向かって償いをしているんだ？〉（二二〇ページ、一一行目）

〈他人の命を奪った罪を償う、それがどういうことなのか、簡単に答えが出せるはずはな

いし、簡単に答えを出してはいけないことだとも思う〉（二二一ページ、一〇行目）

だが、このように開き直るかのように悩むだけで、手記を読むかぎり、具体的に罪を償う行動は何も起こしていないのだ。

それは車で人を轢《ひ》き殺した過去を持つ「Gさん」という人物と会ったときの記述を読んでもよくわかる。

Aは仮退院後に更生保護施設を経て篤志家の里親「Yさん」の家で生活を始めた。Yさん宅には来客が多く、そのたびに彼はAに来客を紹介したという。

そのうちのひとりが〈みすぼらしい作業服姿の初老の男性〉（二一二ページ、九行目）のGさんだった。

〈Gさんは昔人身事故を起こし、相手の方が亡くなった。以来Gさんは、車はおろか自転車にさえ乗らず、「ハンドル」と名のつくものにはいっさい手を触れなくなり、職場まで片道一時間以上かかる距離を、雨が降ろうと雪が降ろうと毎日歩いて通勤した。

僕はYさんからこの話を聞いて、強いショックを受けた。たとえ過失であっても、Gさんはひとりの人間の命が自分の行動によって失われた重い現実を深く受け止め、その罪を背負い、文字どおりの「償いの道」を、何年も、何十年も、その足でひたすら歩き続けた。Gさんの人としての真摯な生き方を突きつけられ、僕は自分自身の「償い」や「生きる姿勢」について問い質《ただ》されているような気持ちになった〉（同一六行目）

Aはショックを受け、贖罪について悩む自分と比較した。

〈Gさんとは比較の対象にさえならない、人間として到底許されない、あれほどに重大な罪を犯した自分は、いったいどれだけ、その現実を深く受け止め、自覚し、意識できているだろうか。Gさんの半分でも、自分の罪と向き合い、償いながら生きていく覚悟を、本当にちゃんと持っているだろうか。自分がこの社会の中で生きていることの意味を、どこまで理解できているだろうか……〉（二一三ページ、八行目）

しかし、Gさんに罪を償うことの意味を問い質されていると感じながら、結局、Aはまったく行動を起こさない。

Aに贖罪意識が欠けているのがよくわかるはずだ。おそらく今後も具体的に償うという発想は彼からは出てこないかもしれない。現段階でAに贖罪について教える支援者がいないことも問題だ。誰かが理論的に教えて強制的に導いていく必要がある。

Aを見守ってきた神戸地裁の井垣元判事も、『文藝春秋』二〇一五年八月号で彼の贖罪意識にこう疑問を投げかけている。

〈ところが、Aには、被害者に対する「贖罪行動」が欠けていました。手記では、人を轢き殺した人が運転することを止め、どんな遠い距離でも歩いているという贖罪行動に感激しながら、自分がなすべきことは思いつかなかった、という話が綴られています。被害者遺族がAに怒るのも当然です。（中略）まずは毎日一時間ずつでいい。彩花ちゃん、淳君のことを思いながら、例えば、公園の掃除からでもいいから、贖罪行動を生涯続けてほしいと思います〉

Aは贖罪教育の一環としてロールレタリングを体験している。そして、ある男性教官は「四年ほど経過したころには『心から悪いと思った』と淳君に謝罪の言葉さえ出るように変わってきている」と私に話していた。

しかし、関東医療少年院を出てすでに十一年がたっているが、いまだに「贖罪意識」から「贖罪行動」にはつながっていない。成長はその後、ずっと止まったままのように思えるのだ。

殺害の記述に見る「贖罪意識」の欠如

もう少しAの贖罪意識を検証しよう。私が彼に罪を償う意識が欠けていると強く感じたのは、淳君殺害場面の描写を読んだときである。

前述したように、彼は先輩の家を訪れた際に小学生の娘の無垢な眼差しを見ていたたまれなくなって逃げ出した。手記には犯行時の記憶のフラッシュバックに苦しむ記述が何度も出てくる。しかし、次の手記の描写を見たとき、彼が書く「後悔」にも疑念を抱いた。

〈自転車を走らせ、近所の公園に行き、白いベンチのある広場から森に入り、ジグザグの小径《こみち》を歩いた。樹に括《くく》りつけられたロープをつたい、入角ノ池のほとりに降り立つと、前日に淳君の頭部を隠した生命《アエダヴァーム》の樹の根元の洞《ほら》に向かった〉（八七ページ、一二行目）

事件の場面の描写はさらにこう続く。

〈森の出入口に向かう途中、にわかに雨が降り始めた。雨滴は間をおかず大粒になり、やがて空を破いたような土砂降りの雨となった。僕は手提げバッグを地面に置き、腕を拡げ、掌を開き、雨を抱いた。

雨は空の舌となって大地を舐めた。僕は上を向いて舌を突き出し、空と深く接吻した。この時僕の舌は鋭敏な音叉となった。不規則なリズムで舌先に弾ける雨粒の震動が、僕の全細胞に伝播《でんぱ》し、足の裏から抜け、地面を伝い、そこらの石や樹々の枝葉や小ぶりの溜池の水面《みなも》に弾ける雨音と共鳴し、荘厳なシンフォニーを奏でた。甘い甘い死のキャンディを命いっぱいに含んだ僕の渇きを、雨の抱擁が優しく潤してゆく……〉（八八ページ、一行目）

先輩の娘の無垢な眼差しから逃げ出したと書きながら、最も罪を償うべき相手について、なぜこのような表現をする必要があるのだろうか。いかにも過剰で耽美的《たんびてき》な文学的表現はこの手記のひとつの特徴だが、こうしたくだりを読むと、より彼の贖罪意識に対して疑問を抱かざるをえない。

何よりも目を疑ったのは、淳君の頭部を自宅に持ち帰り、風呂場である行為におよんだときの描写だ。

〈脱衣所の扉を閉め、内側から鍵をかけると、ぐしょ濡れの衣服を脱いで洗濯機に突っ込み、全裸になった。手提げバッグの中のビニール袋を開き、淳君の頭部を取り出して脇に抱え、磨硝子《すりがらす》の二枚折戸を押し開け、風呂場に入り、戸を閉めると、そちらも内側からスライド式のロックをかけた。

この磨硝子の向こうで、僕は殺人よりも更に悍《おぞ》ましい行為に及んだ。

行為を終え、ふたたび折戸が開いた時、僕は喪心の極みにあった。精神医学的にどういった解釈がなされるのかはわからないが、僕はこれ以降二年余り、まったく性欲を感じず、ただの一度も勃起することがなかった〉（同一七行目）

このときAがどんな行為をしたのかは書かれていない。だが、これはどう見ても性的な行為をしたことを強く示唆する記述である。

さらにAは淳君の頭部を自室の天井裏に隠したあと、帰宅した母親とスパゲッティを食べたといい、その調理の様子を詳細に書いている。

〈母親は茹で終えたスパゲッティを二枚の丸い皿によそうと、それが冷めないうちに手早くフライパンにミートソースを入れ、挽き肉と刻んだ玉ねぎを混ぜて温めた。仄《ほの》かに漂う腐臭の残り香《が》は、たちまちミートソースの芳香に呑まれて消えた。茹で上がったスパゲッティに、母親がミートソースをかけた。フライパンをシンクに置き、母親はテーブルにコップをふたつ並べ、冷蔵庫から麦茶を出してコップに注いだ。母親と向かい合って、二人でミートスパゲッティを食べた。

母親は美味しそうに食べていた。僕は身体が勝手に食べていた〉（九〇ページ、九行目）

罪を償おうという意識がある者が、こうした悪趣味な描写をするだろうか。

食と性はさまざまな形で結びつき、モーパッサンなどは食事と性愛の結びつきをテーマに中編小説を書いている。映画にも食事を性的なメタファーとして用いたものが多い。また、前後の文脈を考えると、この食事シーンを書く必要性などどこにも見当たらないのだ。

Aは頭部を凌辱《りょうじょく》したと思わせたあと、おそらくは意図的に挽《ひ》き肉のソースのスパゲッティを調理する描写を挿し入れ、それを母親とともに食べたことを書いている。

そこにあるのは贖罪云々《うんぬん》という以前に、むしろ他者の感情に対する想像力の欠如である。

ガンジーやゲバラを自分と同一視する発想

二〇〇四年七月に医療少年院を仮退院して人里離れた山奥のコテージで父親と二日間を

過ごしたAは、屋上のテラスで父親がいれてくれたコーヒーを飲みながら聞いた蟬の鳴き声について、こんな心情を書いている。

〈僕は蟬の啼き声が好きだった。何度も脱皮を繰り返し、やっと地上で翅《はね》を得てから七日間しか生きられない蟬は、最後にその命を脱いで死へ翔び発つまで、全身の細胞でひと呼吸ひと呼吸を味わいながら狂ったように啼き続ける。まるでこの世の岸辺に、己の存在の余韻を刻み込むかのように〉（二〇九ページ、八行目）

この一見なんということのない記述には自分自身に対するAの強い「肯定」が表れている。ずっと日の当たらない場所にいて最後の一瞬に光り輝く蟬は事件当時の自分と同じだ。これは、そうやって自分自身を肯定しようとしている記述に思えるのである。

私がそう感じたのには理由がある。

じつは手記には贖罪意識が感じられない一方、Aの「自己肯定感」が全編にあふれている。「蟬の啼き声」の描写はその象徴のように見えるのだ。

手記には歴史的な偉人や高名な小説家などが数多く登場し、Aが彼らのエピソードをひもといている。同時にAはそれらを自分自身に投影させているのである。

たとえばAの精神鑑定を行った精神科医「ワトソン」とのやりとりでは「快楽とは何か」について考えをめぐらせ、ハードボイルド作家・大藪春彦《おおやぶはるひこ》の小説である『野獣死すべし』から引用して〈快楽とは、生命の充実感でなくして何であろうか〉(一三六ページ、一行目)と書いている。また、インド建国の父マハトマ・ガンジーの禁欲生活に対しては、じつは個人的快楽に「飼われていた」ものではないかとの持論を展開している。

〈性欲旺盛な男性が「射精を我慢する」ことは、地獄のような責め苦であったに違いない。超人的な意志力の持ち主だと思われがちだが、彼は単に、湧き上がる性的衝動を〝抑圧する〟ことのほうに、性欲を〝解放する〟以上の肉体的快楽を見出しただけではないだろうか。ある意味究極のマゾヒストとも言える〉(同一一行目)

また、キューバ革命の英雄チェ・ゲバラに対しては「戦闘ジャンキー」だとして、こう分析している。

〈幼い頃から喘息の発作に悩まされ、いつも死を身近に感じていたゲバラにとって、生と死は磁石のS極とN極のように引かれあい、死に近付けば近付くほどに体内から湧き上がる、内臓を掻き分け肉と皮膚を突き破ってくるような強烈な〝生の磁場〟に酔い痺れてい

たのだろう〉（一三七ページ、九行目）

Aが言いたいのは聖者や英雄と崇《あが》められる歴史上の偉人たちも、しょせんは自分と同じく個人的快楽に飼われていただけということだ。彼らの行いの根源は決して主義主張などではなく「個人的な性的快楽」にすぎず、それは自分と同じだと言っているのである。

Aに言わせれば「ワトソン」も自分と同じ種類の人間だという。

第一章で紹介したように、Aの精神鑑定を行った二人の鑑定医のうち、彼が「ワトソン」と名づけた精神科医は、児童相談所の職員とも取り調べを受けた刑事とも明らかに異質な、Aにとって最も不気味な人物だった。Aは最初に「ワトソン」から核心を突く質問を受けたことでこの鑑定医を認め、「異常快楽殺人者」のイメージを植えつけたいとの衝動に駆られたと書いている。

この「ワトソン」とのやりとりのなかでも、Aは自己への強い肯定を見せている。

〈僕の興味はいつも限局されている。決して幅広く情報を採集したりはしない。興味のないことには恐ろしく無知である。こういった人間はたいていの場合、時代の潮流に乗り切れずポツンと取り残されてしまうのが常だが、どういうわけか僕の触角は、いつもその時代その時代をもっともよく象徴するジャンルにピンポイントで引っかかってしまう。そしてその極めて小さなスペースを掘り進めるうちに「時代の水脈」に行きあたってしまうのだ〉（一三二ページ、七行目）

そしてガンジーやゲバラと同様に、「ワトソン」と自分も同一視する。〈彼の中に、自分と同じ〝屈折した探求者〟のニオイを嗅ぎ取った。僕も彼も、ある意味、自身の〝快楽〟に忠実な人間だった〉（一三五ページ、六行目）

ここでAが言う〈自身の〝快楽〟に忠実な人間〉とは、彼にとっては「特別な人間」であるという意味だ。

〈一般的な酒池肉林の快楽に彼らが目もくれなかったからといって、彼らをストイックな聖者と決めつけるのは早計だ。どう控えめにみても、彼らは立派な〝ド変態〟としか思えない〉（一三七ページ、一三行目）

女性のヌードなどに性的興奮を覚える一般的な男性は凡庸な人間にすぎない。ガンジーやゲバラ、そして自分は〝屈折した探求者〟であり、特別な人間なのだと主張しているのである。

これはある意味で神戸連続児童殺傷事件の肯定と受け取ることもできる。あの史上稀《まれ》に見る猟奇的な凶悪犯罪は十四歳の少年が引き起こした事件だったこともあって日本社会に大きな衝撃を与えた。事件をきっかけに少年法が改正されて地域や教育関係、すでに述べたように少年院の矯正教育にも大きな影響をおよぼしたのである。

その猟奇的な少年事件が偉大な行いだったと言わんばかりの記述に思えるのだ。

太宰治の『人間失格』を模倣した自己演出

偉大な自分を演出するために、手記にはガンジーやゲバラだけではなく、ほかにも多くの文学者や殺人鬼などが登場する。

〈僕は野球選手の名前も、テレビタレントの名前もほとんど知らなかった。当時の僕にとってのスターは、ジェフリー・ダーマー、テッド・バンディ、アンドレイ・チカティロ、エドモンド・エミル・ケンパー、ジョン・ウェイン・ゲイシー……。

世界にその名を轟《とどろ》かせる連続猟奇殺人犯たちだった。映画『羊たちの沈黙』の公開を皮切りに九〇年代に巻き起こった〝連続殺人鬼《シリアル・キラー》ブーム〟に僕も乗っかり、友だちの家に揃っていた『週刊マーダーケースブック』や、本屋にずらりと並んだロバート・K・レスラー、コリン・ウィルソンの異常犯罪心理関係の本を読み耽《ふけ》った〉(一二一ページ、一一行目)

こうした固有名詞を並べて、読書家や映画好きである自分をアピールしている。

淳君の頭部を校門の前に置くために家を出たときの描写では、そのときの心情を映画『スタンド・バイ・ミー』になぞらえている。

〈空には仄かに霧がかかり、白い月が滲《にじ》んでいた。自転車をフラフラと走らせ、映画『スタンド・バイ・ミー』の主題曲を鼻歌で口ずさみながら、僕はこの上もなく上機嫌だった〉(九六ページ、一一行目)

しかし、こうした記述でわかるのは、むしろAの表層的でしかない模倣性である。

手記には一枚だけAの写真が掲載されている。大好きだった祖母の膝に抱かれた三歳のころのAの写真である。この写真について彼はこう記している。

〈今となってみると、自分の〝子供時代〟など幻にすぎないような気がする。祖母の膝に跨る、まだ「少年A」になる前の三歳の自分。その幼い顔には曰《いわ》く言い難い不吉な〝翳《かげ》〟

が刻み込まれているように感じる。僕はその写真に写った自分の顔に「死相」を視た。眼は洞窟のようで、杳《くら》い瞳に灯るあるかなきかの白い小さな光点は、肉体の海の奥深くへ沈みゆく生命の残照を思わせる〉（三九ページ、四行目）

私はこのくだりを読んで既視感に襲われた。

〈今となってみると、自分の〝子供時代〟など幻にすぎないような気がする。祖母の膝に跨る、（中略）その幼い顔には、曰《いわ》く言い難い不吉な〝翳《かげ》〟が刻み込まれているように感じる〉

これは自分の写真を第三者の視点で描いた表現方法だ。さらに〈僕はその写真に写った自分の顔に「死相」を視た。眼は洞窟のようで〉もどこかで読んだことがある。

これは太宰治《だざいおさむ》の模倣である。

太宰の『人間失格』の冒頭には主人公が自分の幼少期や学生時代の写真を見ている有名なシーンがある。

〈私は、その男の写真を三葉、見たことがある〉（『人間失格』）

祖母の膝に抱かれた写真の記述は明らかに『人間失格』を真似《まね》たものだ。

しかもAは手記で太宰についてこう書いている。
〈自意識教の聖典『人間失格』でそう書いた太宰治のように、彼岸の視点に立ってクールなニヒリストを気取ることなど、僕にはできない〉（四〇ページ、一行目）
さらに事件前の猫殺しを唯一告白して殴りかかり、母親と一緒に謝りに行った「ダフネ君」の人物像に関する考察にも太宰の模倣と思える部分がある。
〈学校でダフネ君は明るい人気者で通っていたが、僕は密かに彼が、かなり無理をして「道化を演じている」ことを見抜いていた。転校生特有のプレッシャーもあったのかもしれない。面白い奴だと思われないと仲間外れにされる、と。あるいは、明るい転校生にありがちな過去のいじめ体験があったのかもしれない。僕は彼の道化を指摘したことは一度もなかったし、彼が自分で話してくれる以上のことを質問したこともなかった。道化を演じる者にとって、それを見抜かれ指摘されることがどれほどの脅威かわかっていた〉（五六ページ、一行目）
『人間失格』の主人公である大庭葉蔵《おおばようぞう》は中学時代に人を笑わせることが好きだった。ただし、それは「道化《どうけ》」としてで、葉蔵は同級生の竹一に道化であることを見抜かれるのを異常なほど恐れた。竹一は顔が青ぶくれでクラスで最も貧弱な男子だった。葉蔵は竹一が「すべてを受け容れてくれる」と感じていたが、道化を見透かされたことには恐怖した。

この『人間失格』のくだりとAがダフネ君と自分を語る記述は完全にオーバーラップする。手記にはAが淳君に「見透かされた」と恐れるシーンも出てくる。

手記で語られるエピソードに模倣があり、もしかするとAが当時感じたものではなく、手記執筆時に後づけした記憶なのではないかと思えてくる。

手記には太宰だけではなく、文体も既存作家の切り貼りやコラージュが目につく。

医療少年院時代に独房である特別室に隔離されていたAには、読書療法として職員がさまざまな本を差し入れした。Aはその詳細を手記に記している。

〈ヘルマン・ヘッセ『車輪の下』、メルヴィル『白鯨』、ドストエフスキー『罪と罰』、ヴィクトル・ユーゴー『レ・ミゼラブル』、島崎藤村『破戒』、夏目漱石『三四郎』、森鴎外《ママ》『青年』、坂口安吾『白痴』、武者小路実篤『友情』……。

他にやることもなく、僕は与えられた本を、一頁一頁、映画を撮るような感覚で映像を思い浮かべながら貪《むさぼ》り読んだ〉（二五一ページ、一二行目）

あとでもう一度触れるが、この〈一頁一頁、映画を撮るような感覚〉とは「直観像能力」といわれるものだ。これは一瞬だけ見た画像や映像をまるで目の前にあるかのように鮮明に思い出すことができる能力で、二〇〇七年十月十七日に出された少年の処分決定要旨によると、Aは「直観像素質者」と鑑定されている。

また、手記の前半部分の表現に、とくに言葉の修飾や通常はあまり使わない形容詞の使い方などには三島由紀夫《みしまゆきお》の影響も見て取れる。

実際にAは篤志家などの支援者のもとから逃げ出して溶接工として働いていたときに、三島由紀夫と村上春樹《むらかみはるき》を片っ端から買いそろえて読んでいた。

〈三島由紀夫は〝言葉の宝石箱〟と評したくなるような初期の短編と、〝偏執狂浪漫譚《パラノイド》〟『金閣寺』が好きだった〉（二五二ページ、一六行目）

そしてガンジーやゲバラと同じように、やはり『金閣寺《きんかくじ》』の主人公で金閣寺を放火した溝口《みぞぐち》を自分と重ねるのだ。

〈溝口の抱える「吃音症」は僕の「性サディズム障害」に、そして溝口が起こした金閣寺放火事件は、僕の起こした事件に重なった〉（二五三ページ、四行目）

Aは『金閣寺』を「僕の物語」とさえ言い、以降は人生のバイブルとしたという。溝口も対人共感が乏しく、コミュニケーションができないことに親密さを感じたのだろう。

これは非常に暗示的である。この作品は現実にあった金閣寺放火事件を題材にしたもので、三島は犯人に対して非常に親近感を抱いていたと言われる。多くの評論家や作家が『金閣寺』を三島の金字塔と高く評価しているが、作家の中村光夫《なかむらみつお》はこの小説を「(三島にとって)現代で正気を保つ方法は、その狂気を芸術的に生きて見るほかはなかった」と評している。Aもその作品を「僕の物語」として犯人と自分を重ね合わせているのである。

美化された殺害の「動機」

被害者への贖罪意識がなければ事件への後悔も感じられない。そこにあるのは「セカンド殺人」とも言えるような被害者に対する蹂躙《じゅうりん》とグロテスクな自己肯定だ。

Aは本当はなんのために手記を書いたのだろうか。

この章の冒頭で紹介したように、手記の最終章にはその理由が書かれている。

〈もうこの本を書く以外に、この社会の中で、罪を背負って生きられる居場所を、僕はとうとう見つけることができませんでした〉（二八九ページ、七行目）

〈自分の言葉で、自分の想いを語りたい。自分の生の軌跡を形にして遺したい。朝から晩まで、何をしている時でも、もうそれしか考えられなくなりました。そうしないことには、精神が崩壊しそうでした。自分の過去と対峙し、切り結び、それを書くことが、僕に残された唯一の自己救済であり、たったひとつの「生きる道」でした。僕にはこの本を書く以外に、もう自分の生を摑み取る手段がありませんでした〉（二九三ページ、一五行目）

いわば自己存在の証しとして書いたものだという。

一方、これまでAにかかわった人たちにはお金が目的ではないかとする意見もある。『週刊文春《ぶんしゅん》』二〇一五年七月二日号には、医療少年院の「育て直し」で母親役を担った女性精神科医が知人宅で漏らしたという発言が紹介されている。

〈「賠償金の支払いもまだまだ残っているなかで、印税で一千万円以上の大金を手にしたら、あの子は、二冊目、三冊目を書こうとするかもしれない……」〉

〈「Aは、出版社の罠にはまった大バカ野郎だ！」〉

しかし、それだけではない。手記には〈誰にも打ち明けることができ〉（四五ページ、一行目）がなかったという犯行動機についてその詳細が記されている。

まずひとつは、Aが〈自らの〝原罪〟ともいえる体験〉（同）だったという「祖母の部屋での精通」だ。

Aには小学五年生のときに亡くした最愛の祖母がいた。『2500日全記録』の取材でも祖母の死が犯行のひとつの要因になったことを指摘したが、それがAの「性的なもの」と関連づけて語られることはなかった。

ところがAは祖母が亡くなったあと、その思い出に浸るため、生前に祖母が暮らした部屋に行き、そこで精通を経験したのだという。祖母が愛用していた按摩器《あんまき》を取り出して位牌《いはい》の前に正座し、祖母を癒やしたであろう心地よい振動に身を任せた。そして彼はなんの気なしにそれを性器に当てたのだという。

これについては次章でくわしく触れるが、この手記で初めて明らかになった話だ。

もうひとつは「淳君に抱いていた両価的《アンビバレンス》な想い」である。

これまでAは警察の取り調べや精神鑑定に対して「毎日、自転車に乗って殺す相手を探していたら、たまたま淳君と出会ったので、タンク山に連れて行き、そこで殺した」と話してきた。A自身も手記でこう書いている。

〈警察の取り調べでも、精神鑑定でも、僕は淳君に対して、憎しみも、愛情も持ったことはなく、淳君と自分との間の情緒的交流を一貫して否定し続けた〉（一二二ページ、三行目）

しかし、やはりAには淳君への「特別な思い」があったのだ。

〈僕と淳君との間にあったもの。それは誰にも立ち入られたくない、僕の秘密の庭園だった〉（同九行目）

〈僕は、淳君に映る自分を殺したかったのではないかと思う〉（一二六ページ、四行目）

淳君を殺害する以前にAは純粋無垢な淳君に「自分を受け容れられている」という事実に恐怖したという。

ある日、Aは公園で淳君とかくれんぼをして遊んでいたが、淳君が自分の名前を呼んで泣き出してしまった。それを見たAは「受け容れられている自分」を嫌悪し、淳君をそのまま置き去りにする。数日後、やはり淳君に「受け容れられ」ることで自分が侵されるような激しい恐怖を覚え、気がふれたように淳君に飛びかかり、馬乗りになってひどい暴力を振るったという。

〈いったい誰が信じられるだろう。受け容れられることで深く傷つくような、蛆がわき蠅がたかるほどに腐敗した心がありうるということを。

僕は、淳君が怖かった。淳君が美しければ美しいほど、純潔であればあるほど、それとは正反対な自分自身の醜さ汚らわしさを、合わせ鏡のように見せつけられている気がした。

淳君が怖い。淳君に映る自分が憎い。

淳君が愛おしい。傍に居てほしい。

淳君の無垢な瞳が愛おしかった。でも同時に、その綺麗な瞳に映り込む醜く汚らわしい自分が、殺したいほど憎かった〉（一二五ページ、一三行目）

自分と被害者を「醜いもの」「美しいもの」として対比させてはいるが、第三者的な表現によって最終的に自分さえも美化しているのだ。

手記は「強者に見せるためのツール」にすぎない

もっとも、ここにはAと淳君が実際に交わしたはずの会話はほとんど出てこない。手記にあるほかの部分の詳細な記述を見れば、Aがそれを忘れたとも思えない。

それ以上に、前述したとおり、淳君に対するAの恐怖は、太宰治の『人間失格』において葉蔵が同級生の竹一に抱いた恐怖感の明らかな模倣である。したがって記述を額面どおりに信じるわけにはいかない。

では、なぜAはこれまで語らなかった犯行の動機らしきものを書いたのだろうか。

しかもAは「祖母の部屋での精通」の前には〈ついに誰にも打ち明けることができず、二十年以上ものあいだ心の金庫に仕舞い込んできた自らの〝原罪〟ともいえる体験を、あなたに語ろうと思う〉（四四ページ、一五行目）などと仰々しくもったいをつけている。

私はこれこそがAが手記を出版した大きな理由だったのではないかと思っている。

犯行後に逮捕されて精神鑑定が始まったとき、Aは「ワトソン」など二人の精神科医に、彼らが思い描くとおりの「異常快楽殺人者」のイメージを植えつけようとしていた。

Aは手記にこのときの感情をこう書いている。

〈〝弱肉強食〟の観点から見た場合、世の中には二種類の人間しかいない。〝情報を生み出せる人間〟と、〝情報を受け取ってシェアするだけの人間〟だ。前者が〝強者〟で、後者が〝弱者〟となる。

どんな情報を持ち、どんなツールを使い、誰に向かって発信するかで、この社会におけるその人の立ち位置や価値が決まる〉（一三三ページ、二行目）

また、まさに出版の動機そのものと言えるようなこんな気持ちも語っている。

〈カネもコネもないのであれば、手の届く場所にあるツールは何でも使い、〝情報の武装化〟を推し進めるしかないのだ〉（同七行目）

Aにとって世の中には〝情報を生み出せる人間〟と〝情報を受け取ってシェアするだけの人間〟の二種類しかいない。情報を生み出せる者こそが〝強者〟であり、手記を出して自分から情報を発信することによって、彼は〝強者〟になろうとしているのではないか。

すでに神戸連続児童殺傷事件は多くの関連書籍が出版されており、A自身も認めているように、それらのすべてを読んでいて、しかし、すべては推測にすぎないもので、事実は自分だけが握っている。事件に関する一連の情報は自分でコントロールしたい。手記を出版することによって、いままで曖昧になっていたことを芸術的な手法によって都合よく、イメージどおりに「固定化」したい。それこそが強者になるために自分がすべきことだと考えたのではないだろうか。

矯正教育で母親役だった女性精神科医が言うように、二冊目、三冊目を書く可能性も大いにあるだろう。そう考えれば、事件に対する後悔の念や贖罪意識が前面に出ていないことにも合点がいく。

また、過剰な文章表現、歴史上の人物や文学者と自分を同一視していること、さらに彼以外は確認しようがない犯行の動機らしきものを語っているのも筋が通ってくる。

Aはまだ「成長」し切れていない未熟な子どものままなのである。

これは未熟な子どもが書いた手記だ——。

私はAが何か別の病理を抱えているのではないかという疑念がますます強くなっていった。やはり精神鑑定や矯正教育になんらかの判断ミスや見落としがあったのではないか。

第三章

元少年Aの「性的サディズム」は矯正されたのか

裁判所が認定した「性的サディズム」

ここからは、いよいよ元少年Aの「性的サディズム」を読み解いていく。

Aを神戸連続児童殺傷事件という凶行にいたらせたものはなんだったのか。当時、その最大の動機とされたのが「性的サディズム」だった。

私はこの事件が特異な少年犯罪と言われれば言われるほど、本当に鑑定結果として出された「性的サディズム」と「行為障害」だけが原因なのだろうかという疑念がつねに頭をよぎっていた。

Aがあのような事件を再び起こす可能性はあるのか。事件を起こした原因の本質はどこにあるのか。そうした問題を考えるうえで、やはりAの性的サディズムをきちんと検証しておかなければならない。

その際にAの手記『絶歌』とともに判断材料になるのが、神戸家裁審判の決定文である。

じつは手記が出版される約二カ月前、『文藝春秋』二〇一五年五月号に神戸連続児童殺傷事件の「家裁審判決定（判決）」の全文が掲載された。

それまでの少年審判は不可視とされ、非公開が原則で、「少年院送致」「検察官送致」といった結論だけが公表されてきた。少年のプライバシーを守ることで犯罪者のレッテルを貼られたり偏見を持たれたりしないようにして社会のなかで生き直すことを可能にするためというのがその理由だ。

しかし、この神戸連続児童殺傷事件では、その重大性、世間を震撼させた凶悪性、社会全体への影響などを考えて一九九七年十月の審判決定では神戸家裁が異例の五千字におよぶ「決定要旨」を公表。神戸家裁の井垣元判事は全文公開を前提に決定文を書いたとも語っている。その後もAの供述調書の一部が『文藝春秋』一九九八年三月号に掲載された。それだけ多くの国民がAに関するできるだけ多くの情報開示を望んでいるという証しである。

裁判所が認定したAの「性的サディズム」とはどんなものなのか。

神戸家裁の決定文は、Aの「成育歴」、性衝動と殺人の結びつきに関する「鑑定主文1」「鑑定主文2」、さらに事件の経緯やAの心理や行動、事件後のAの内面や取り調べでのやりとりなどから構成されている。

このうち「鑑定主文1」ではAについて、まずこう記している。

〈未分化な性衝動と攻撃性との結合により持続的かつ強固なサディズムがかねて成立しており、本件非行の重要な要因となった〉

Aの男性器は正常に発達していたが、脳の暴力中枢から分化して発達する性中枢の発育が遅れていたため、彼は暴力によって性的な快感を得ていた。Aの手記『絶歌』では「祖母の部屋での精通」という新事実が明かされているが、審判当時は猫を虐待しているときに初めての射精を経験したとされていた。

続けて「鑑定主文2」ではAの性衝動とサディズムについてこう断じている。

〈家庭における親密体験の乏しさを背景に、弟いじめと体罰との悪循環の下で「虐待者にして被虐待者」としての幼時を送り、〝争う意思〟すなわち攻撃性を中心に据えた、未熟、硬直的にして歪んだ社会的自己を発達させ、学童期において、狭隘で孤立した世界に閉じこもり、なまなましい空想に耽るようになった。

思春期発来前後のある時点で、動物の嗜虐的殺害が性的興奮と結合し、これに続く一時期、殺人幻想の白昼夢にふけり、食人幻想によって自慰しつつ、現実の殺人の遂行を宿命的に不可避であると思いこむようになった。この間、「空想上の遊び友達」、衝動の化身、守護神、あるいは「良心なき自分」が発生し、内的葛藤の代替物となったが、人格全体を覆う解離あるいは人格の全面的解体には至らなかった。また、独自の独我論的哲学が構築され、本件非行の合理化に貢献した。かくして衝動はついに内面の葛藤に打ち勝って自己貫徹し、一連の非行に及んだものである〉

噛《か》み砕いて言えば、母親の厳しいしつけを背景に思春期が始まる前後にAのなかに性的サディズムが芽生え、それが彼の背中を押して犯行にいたらせたというのだ。

未発達だったAの性的中枢

「鑑定主文1」にある〈未分化な性衝動と攻撃性〉についてもう少しくわしく説明しよう。

Aの手記が出るかなり前のことだが、私はある精神科医にAの性衝動とサディズムについてくわしく話を聞いたことがあった。取材に対して医師は次のように分析した。

「母親と関係不全だったAは、母親の愛情を感じることなく対人面に一種の発達障害が見受けられます。母親に自分の異常性を相談できず、彼は異常な自分には価値がないと思っていた。その一方で特異な弱肉強食の思想を構築し、弱者は殺されてもいい、生きていく資格がないと殺人を正当化していったのです」

当時十四歳のAは男子として第二次性徴期にあった。この時期は睾丸《こうがん》が発達し、それにともなって男性器も大きくなって赤みを帯び、体毛が濃くなり、陰毛が生えてくる。精通が起きるのもこの時期である。

一般的な男児なら異性を意識してその裸などを想像して射精するが、Aは猫を虐待することで性的に興奮していた。手記では小学校五年生のときに最愛の祖母が亡くなった直後、その部屋で思い出に浸りながら祖母が愛用していた按摩器を使って精通を経験したことを明かしている。

〈祖母の位牌の前に正座し、電源を入れ、振動の強さを中間に設定し、祖母の思い出と戯れるように、肩や腕や脚、頬や頭や喉に按摩器を押し当て、かつて祖母を癒したであろう心地よい振動に身を委《ゆだ》ねた。

何の気なしにペニスにも当ててみる。その時突然、身体じゅうを揺さぶっている異質の感覚を意識した。まだ包皮も剥《む》けていないペニスが、痛みを伴いながらみるみる膨らんでくる。ペニスがそんなふうに大きくなるなんて知らなかった。僕は急に怖くなった〉（四七ページ、一〇行目）

〈僕は祖母の位牌の前で、祖母の遺影に見つめられながら、祖母の愛用していた遺品で、祖母のことを想いながら、精通を経験した〉（四八ページ、一六行目）

しかし、この唐突に明かされたエピソード以外、さまざまな資料を見るかぎり、Aの性的な快楽は、つねに小動物の虐待や人間への殺傷などの暴力とともにある。

第二次性徴期に性的欲望が高まると、大脳内にある視床下部という部分から性腺刺激ホルモンを出すように脳下垂体に命令が出される。分泌した性腺刺激ホルモンは中枢神経系を通して、男性なら精巣に作用して男性ホルモンが出される。それが血液によって身体の各部分に運ばれて第二次性徴期に特有な現象が表れるのだ。

そのとき、一般的な男子なら攻撃性の中枢が発達して暴力的になり、そのあとに性的中枢が発達していく。ところがAの場合は攻撃性中枢だけしか発達せず、性的中枢は発達しなかった。

こうした脳中枢の〝ニアミス〟は思春期の始まりに起こりやすいとされている。時間の経過とともに自然に解消されるケースもないわけではない。しかし、Aの〝ニアミス〟は解消されなかったのである。

神戸家裁は犯行動機の主旨をこう説明している。

「大事に思っていた祖母の死を契機に、死に強い興味を持ち、小動物を殺して解剖して楽しむうち、人を殺してみたい欲望を持つようになった」

なぜ猫の虐殺シーンを克明に描写したのか

家裁審判決定文にあるAの「成育歴」、そしてAの手記には、この〈小動物を殺して解剖して楽しむうち、人を殺してみたい欲望を持つようになった〉という性的サディズムの変遷が克明に記されている。

まず幼稚園時代から始まるAの「成育歴」で重要なのは、やはり母親との関係である。

Aは小学校三年生のときに母親の激しい叱責《しっせき》によって様子がおかしくなって医師の診察を受けている。診断は母親の過干渉によるノイローゼだった。以降、母親は厳しいしつけを改めてあまり叱《しか》らなくなったが、Aはベッドのまわりをぬいぐるみで囲み、バリケードをつくって眠るようになったという。

Aに性的サディズムの兆候が表れたのは小学校五年生のとき、祖母が亡くなったあとのことだ。決定文は〈祖母の死との繋がりは不明であるが〉としつつ、Aのこんな性衝動を明らかにしている。

〈ナメクジを待ち針で止めて、剃刀で腹部を裂いたり、カエルを待ち針で机に張り付けにして解剖したりすることが始まった。切ったり割いたり内臓を見るのが楽しかった。ナメクジやカエルは、計10匹位解剖した。身体のうずきを感じ、後に性衝動の始まりと分かった〉

ナメクジの解剖のことはAの手記にもたびたび出てくる。

〈僕は、カタツムリになり損ねた、自分を守る殻を持たないナメクジだった。だから自分を守る殻を、自分の中に作るしかなかった。危険を察知すると、自分の内側に作り上げた分厚い殻の中に逃げ込むのだ。怒りや悲しみなどの剥《む》き身《み》の感情は表に出さず、緊張すればするほど、落ち着いて振る舞うのが習い性《しょう》になっていた〉（一六ページ、一三行目）

精通後はナメクジを収集してマーマレードの瓶に入れると、その様子を〈不完全で、貧弱で、醜悪で、万人から忌み嫌われるナメクジは、間違いなく僕の「心象生物」だった〉（五〇ページ、七行目）と自分に重ねて愛らしく思い、そしてこの生き物をもっと知りたいとの欲望に駆られたという。

〈この愛らしい生き物のことをもっと知ってみたい。ピンセットで一匹を取り出し、かまぼこ板の手術台にうつ伏せにのっけて、なるべく死なせないように頭部と尻尾の先端ギリギリにマチ針を刺して固定する。さすがに痛いようだ。狂ったように激しく触覚を出し入れしている。体の右側面に空いた呼吸孔が大きくなったり小さくなったり、いかにも「息してます」といった様相だ。よく見ると頭部から三分の一程度のところまで、退化した甲羅のようなものが覆い被さっている。ゆっくり、丁寧に、カミソリでその甲羅を剥《は》がしてゆく。甲羅をめくるとそこにはもう黄色と黄緑色の内臓器官が透けて見えた。触覚がピンと伸びきったまま動かなくなった。案外簡単に死んでしまうようだ。そのまま二本の縦縞模様のちょうど真ん中あたりにカミソリを入れ切り開いていく。上部のほうには白い器官があり、そこから尻尾の先に向かってぎっしりと内臓が詰まり、黒い糞のようなものも見える。僕はその、えもいわれぬ〝実体感〟に身震いした。外から見るとあんなにも不完全で半透明な身体を持つ彼らも、しっかり「生き物」だったのだ。

命に触れる喜びを感じた。殺したかったのではない。自分を惹きつけてやまない「命」に、ただ触れてみたかった〉（五一ページ、一行目）

事件時の犯行メモにあった「バモイドオキ神」がAの夢のなかに現れたのも、このころのことだ。「バモイドオキ神」とはAがみずからつくりあげた架空の存在で、自分だけの守護神だった。絶対的な崇拝の象徴であり、無敵であるため、その安心感に陶酔していたのだ。

小学校六年生になるとカエルやナメクジを解剖することに飽き、Aは猫を殺し始める。決定文はその残忍な虐待の様子を詳細に記し、性衝動にも触れている。

〈ネコの首を締《ママ》め、口から脳へナイフを突き刺し、腹を割いて腸を引き出し、首を切り、脚を切る等した。灯油を掛けて焼死させたこともあった。

ネコの舌を切り取り塩漬けにし記念品とした。殺したネコは20匹になるが、親にバレることは一切なかった。

ネコを虐待しているとき、性的に興奮し、始めての射精を経験した。性衝動と動物殺しとの関係を自覚し、皆も同じと思って友達に話したが、君は変だと言われた。このような自分に対して嫌悪感を覚えるようになり、殺しをする自分に対し、酒鬼薔薇聖斗という名前を付けて切り離したら一時的に気持ちが楽になった〉

一方、Aの手記で描かれた猫殺しのシーンはさらに残忍きわまりないものだ。これを読んだ人は、どうしてここまで書く必要があるのだろうかと誰もが思うに違いない。

また、猫殺しの際の性衝動は手記ではより恍惚《こうこつ》として語られている。

〈――殺そう――

唐突にそう閃《ひらめ》いた時、僕の心と身体を支配したのは、「サスケの死を侮辱された」という、子供らしい純真な〝怒り〟の感情ではなかった。

風邪の引き始めのような、あの全身の骨を擽《くすぐ》られるような、いてもたってもいられなくなる奇妙に心地よい痺れと恍惚感……。

間違いない。〝ソレ〟は性的な衝動だった〉（五九ページ、五行目）

ちなみにサスケとは当時、家族でかわいがって飼っていた猫の名前で、老衰で死んだあとも母親は餌を出し続けていた。そこに餌を取りに野良猫がやってきた。Aは追い払ったのだが、サスケを自分と重ね合わせたAは侮辱されたと感じ、その野良猫が一匹目の惨殺の対象になった。

このあと、さらに猫殺しの描写がエスカレートしていく。そして猫を残忍なやり口で切り刻めば切り刻むほどAは性的興奮を覚え、危険な衝動へとエスカレートしていく。

〈僕は勃起していた。ふたつに分裂した心臓の片割れが内臓を掻きわけ股の間から迫《せ》り出してきたようだった。ズボンの下で、指で弾けばパンクしそうなほど大きく膨張したペニスが、脈動に合わせて引き攣《つ》るように、ビクン、ビクンと小刻みに前後に振れた〉（六二ページ、一六行目）

決定文のなかの猫殺しの記述はほんの数行にすぎないが、手記ではじつに十ページにもわたって描かれているのだ。そのディテールの細かさは圧倒的で、筆致は精密そのものだ。

このくだりを読めば、多くの人が「Aの性的サディズムは本当に治ったと言えるのか？」と不安を覚えるに違いない。しかも異常に詳細な描写とは対照的に、手記にはこうした残忍きわまりない行為に対して罪悪感を感じている記述がまったく出てこないのだ。

手記ではさらに猫殺しのシーンが続く。完全に猫を虐殺することで得られる快楽の虜《とりこ》となったAは次々に猫を殺していく。

〈祖母の死から八か月。僕は奈落の底へ続く坂道を、猛スピードで転がり落ちていた〉（六八ページ、八行目）

その一方、描写そのものはどんどん淡泊なものに変わる。いくら残忍なことをしても、もはや猫を殺すだけではAが性的な満足を得られなくなったためである。

〈快楽はドラッグと同じで、〝耐性〟がある。一匹また一匹と猫を捕まえ、殺害方法がどんどんグレードアップするのと反比例して、最初の頃のように、理性も思考も倫理も丸ごとブッ飛ぶようなエクスタシーは得られなくなった〉（六九ページ、一二行目）

ナメクジ、カエル、猫と性的興奮の対象を変えてきたAの性的サディズムは、ついに人間へと向かった。

なぜ「頭部」に異常にこだわったのか

決定文に記述されている「中学校1年」のくだりには、淡々とこう記されている。

〈卓球部に入り、部活動と門限のため、ネコ殺しはできなくなったが、同時にネコ殺しでは物足りなくなり、週に何回か自慰行為をする際のイメージはいつも、人間の腹を割き、内臓に噛み付き、貪り食うシーンであった。その人間は、胴体と四肢だけで、男でも女でもなかった。友達もそうだろうと思って、殺人のイメージで自慰行為をしていることを話したが、「おかしい」と言われた〉

この決定文の記述は、さらにこう続く。

〈人間はどの様にすれば死ぬのか、人間を殺せばどんな気持ちになるのだろうということに関心が向かい、学校の授業中でさえ、勝手に、頭の中に白昼夢として色、音付きの殺人の場面が生々しく現れて来て、学習意欲はなくなった。人の殺し方等を知るため、ホラービデオを見るようになった〉

Aの手記にも同様のくだりがある。彼は殺人についてこう書いている。

〈中学に上がる頃には猫殺しに飽き、次第に、「自分と同じ〝人間〟を壊してみたい。その時にどんな感触がするのかこの手で確かめたい」という思いに囚われ、寝ても覚めても、もうそのことしか考えられなくなった〉（六九ページ、一四行目）

こうしてAは「壊す」対象を猫から人間へと変えていったのだ。

一九九七年三月十六日、Aは当時十歳だった山下彩花ちゃんと別の女児をハンマーとナイフで襲い、殴られた彩花ちゃんはその後、死亡する。Aはこのひと月前の二月に神戸市須磨《すま》区内の路上で当時十二歳の小学校六年生の女児をカバンのなかに入れていたショックハンマーで殴ろうと思い立ち、後頭部を殴打してケガをさせている。

決定文には「その後の経緯」として、彩花ちゃん殺害についてこう記されている。

〈この2月の事件は、少年にとっても思いがけない出来事であったが、これをきっかけに、抑制していた欲動の蓋が開いたのか、平成9年3月15日夜、鉄のハンマー（八角玄翁）や小刀を人間に使ったらどうなるか試して見たいと思い立った〉

同年五月十四日には同級生の「ダフネ君」に暴行し、学校を休んで児童相談所のカウンセリングに通った。

そして、ついに同年同月二十四日、路上で会った当時十一歳の土師淳君をタンク山に誘い、首を絞めて殺害。審判決定文にはやはり「その後の経緯」としてこうある。

〈[redacted]君を殺すことが出来、[redacted]君を支配出来て、[redacted]君が僕だけのものになったという満足感でいっぱいになった（殺している間、性的に興奮していた）〉（伏せ字は雑誌掲載時のママ）

しかし、Aの手記に出てくる淳君殺害の場面は次のごく短い一文のみである。

〈一九九七年五月二十四日、僕はタンク山で淳《じゅん》君を殺害した〉（八五ページ、一七行目）

代わりにあるのが淳君殺害後に隠しておいた切断した頭部を自宅に運ぶ際の過剰でディテールたっぷりの耽美的な描写だ。前章でも紹介したが、重要な場面なので、もう一度引用しよう。

〈森の出入口に向かう途中、にわかに雨が降り始めた。雨滴は間をおかず大粒になり、やがて空を破いたような土砂降りの雨となった。僕は手提げバッグを地面に置き、腕を拡げ、掌を開き、雨を抱いた。

雨は空の舌となって大地を舐めた。僕は上を向いて舌を突き出し、空と深く接吻した。

この時僕の舌は鋭敏な音叉となった。不規則なリズムで舌先に弾ける雨粒の震動が、僕の全細胞に伝播《でんぱ》し、足の裏から抜け、地面を伝い、そこらの石や樹々の枝葉や小ぶりの溜池の水面《みなも》に弾ける雨音と共鳴し、荘厳なシンフォニーを奏でた。甘い甘い死のキャンディを命いっぱいに含んだ僕の渇きを、雨の抱擁が優しく潤してゆく……〉（八八ページ、一行目）

Aはこの記述のあと、淳君の頭部を母親が留守にしている自宅の風呂場に持ち込み、全裸になって鍵をかける。そして〈この磨硝子の向こうで、僕は殺人よりも更に悍《おぞ》ましい行為に及んだ〉（八九ページ、四行目）と性的な行為を行ったことを匂わせている。

これは精神鑑定でも家裁の審判でも明らかにされなかったものだ。

Aの手記に出てくる淳君殺害と性的快楽を結びつける描写はまだある。部屋の天井裏に隠しておいた淳君の頭部を持って部屋を出て中学校の正門に向かう場面である。

〈不意に強い風が吹き、カーテンの裂け目が、いっそう大きく葉型に拡がった。この六畳の洋室は僕の小宇宙であり、僕の〝拡張した〟内界だった。決して外へ開かれることのなかったその内界に、突如、外界の処女膜が立ち現れたのだ。皮肉な話である。極限の内向の果てに僕が視《み》たのは、外界への入り口だったのだ。

葉型に拡がったカーテンの裂け目に両手をかけ、僕は外界の処女膜を破り、夜にダイブした〉（九六ページ、五行目）

本当に不意に強い風が吹いたのかは定かではない。事実はさておき、事件の描写という重要な場面で彼は〈カーテンの裂け目〉を自分のグロテスクな内面と社会のあいだの境界線とし、それを〈処女膜〉にたとえたかったのだ。

猫を殺すときの鮮明な描写と違い、おそらくこれは現在のAが後づけした情景ではないだろうか。私はこれを読んで、やはりAは矯正されていないのではないかと感じた。

中学校に着いてからの描写も過剰に文学的で性的である。

〈校舎南側の壁沿いに二本並んだナツメヤシの葉が、降りかかる月の光屑《ひかりくず》を撒《ま》き散らすように音もなく擦れ合っている。呪詛と祝福はひとつに融け合い、僕の足元の、僕が愛してやまない淳君のその頭部に集約された。自分がもっとも憎んだものと、自分がもっとも愛したものが、ひとつになった。僕の設《しつら》えた舞台の上で、はち切れんばかりに膨れ上がったこの世界への僕の憎悪と愛情が、今まさに交尾したのだ〉（九八ページ、一六行目）

そして、もうひとつ気になるのは次の記述だ。

〈いろいろと悩んだ挙句、僕は門の真ん中に頭部を置き、二、三歩後ろに下がって、どう見えるかを確認した〉（九七ページ、八行目）

通常の犯罪者であれば、こうういう場合は「誰かに見られてしまうのではないか」「通報されてしまったらどうしよう」といった心配をするはずである。しかし、Aはそうではなかった。目撃されるのを心配することより淳君の頭部を置く構図や角度にこだわり、美的かどうかを優先している。Aは淳君の頭部を芸術品として扱っているのだ。当時の報道では頭部を正門前に置き、口に手紙をくわえさせた光景をAは五、六分間も見ていたとされている。手記では淳君の頭部を置く描写が二ページにもわたって描かれているのだ。

「性欲」と「サディズム」が融合した瞬間

Aの手記には性的な表現が随所にあふれている。それもダイレクトな表現ではなく、メタファーとして暗に「性」を匂わせるような記述が多い。

Aは自宅近くの「タンク山」「向畑《むこうはた》ノ池《いけ》」「入角《いれずみ》ノ池《いけ》」の三つを三大聖地と呼ぶ。彼は淳君をタンク山で殺害して入角ノ池の樹の根元の洞に隠した。

手記ではこの三大聖地の光景をいかに愛したかが何度も綴られている。たとえば入角ノ池に対する思い入れについてはこう書いている。

〈入角ノ池のほとりには大きな樹があり、樹の根元には女性器のような形をした大きな洞《ほら》がバックリ空いていた。池の水面に向かって斜めに突き出た幹は先端へいくほど太さを増し、その不自然な形状は男性器を彷彿《ほうふつ》とさせた。男性器と女性器。アダムとエヴァ。僕は得意のアナグラムで勝手にこの樹を〝アエダヴァーム（生命の樹）〟と名付け愛《め》でた〉（三一ページ、六行目）

バックリ空いた女性器とは、いかにも直截的《ちょくさいてき》な表現だ。当時のAは十四歳の少年であり、インターネットも普及していなかったため、アダルトサイトなどで女性器をじっくり見る機会などなかったはずだ。表現上は女性器に対する客観的な興味だけはあったと考えられる。

しかし、Aが主観的に興味を抱いたのは「性器」そのものではなく、その奥にある「子宮」なのである。実際にAは自分にとって〝池〟は〝母胎の象徴〟とも書いている。

彼はその母なる洞に淳君の頭部を隠したのだ。手記にはこんな記述が出てくる。

〈女性器と男性器のイメージを重ね合わせたアエダヴァームは、僕にとって〝生命の起源〟だった。その生命の起源を象徴する樹の根元の洞に、僕は遺体の一部を隠した。僕は、心のどこかで淳君を〝生き返らせたかった〟のではないか〉（三三ページ、五行目）

だが、この「生き返らせたかった」も当時の心境ではなく、現在のAによる後づけという印象を強く感じる。

一九九九年四月に山口《やまぐち》県光《ひかり》市で十八歳の少年が起こした、主婦を殺害したうえに屍姦《しかん》して一緒にいた生後十一ヵ月の長女を殺した「光市母子殺害事件」は、やはり史上稀に見る凶悪な少年犯罪として知られる。裁判では犯行時に未成年だった少年に対して死刑が確定して大きな注目を集めた。この少年は二〇〇七年六月に行われた差し戻し控訴審においで長女を押し入れに入れた理由について、「押し入れにドラえもんがいると信じた。四次元ポケットで何とかして（生き返らせて）くれると思った」と証言している。

Aの言う〝生き返らせたかった〟という言葉は初めて使った表現で、精神鑑定や審判でも語られていないことだ。

犯罪精神医学を専門とするある精神科医は、私の取材にこう語っている。

「サディズム衝動において遺体の一部を隠すというのは戦利品という意味もあると思います。これは犯行時の性的な快感を思い出すような形です。伝え聞いたところによると、Aはこの〝アエダヴァーム〟でもマスターベーションをしていたそうです。Aは猫殺しで快楽を得たことからサディスティックと快楽の〝刷り込み〟が起きてしまったのではないかと考えられます」

そう考えると、Aの性的サディズムは完全には治っていないのではないだろうか。

「自分が苦しむから人を殺すべきじゃない」という論理

そもそもAは逮捕から家裁の審判や医療少年院でも当初は犯行を正当化し、謝罪の言葉や反省する態度はほとんど見られなかった。

「被害者らにすまなかったとは思わない。償いをしたいとも思わない」

そう語ったことさえある。しかし、こうした態度も医療少年院での矯正教育を通じて多少は変化した。次第に女医や職員にも心を開き、語る言葉は「死にたい」から「無人島でひとりで暮らしたい」「社会で温かい人間に囲まれて生きていきたい」というように変わっていった。

そして手記ではもう一歩踏み込み、「なぜ人を殺してはいけないのか」というテーマにも言及している。しかし、その答えは愕然《がくぜん》とするものだった。

彼はこう書いているのである。

〈大人になった今の僕が、もし十代の少年に「どうして人を殺してはいけないのですか?」と問われたら、ただこうとしか言えない。

「どうしていけないのかは、わかりません。でも絶対に、絶対にしないでください。もしやったら、あなたが想像しているよりもずっと、あなた自身が苦しむことになるから」〉

(二八二ページ、六行目)

おそらくA自身は彼なりに「なぜ人を殺してはいけないのか」ということについて自問自答を繰り返したに違いない。しかし、その結果が「自分が苦しむことになるから」という単純きわまりない言葉で、まさに自己愛そのものなのだ。そこには自分が人生を奪ってしまった者に対する想像力がない。自分が苦しむから人を殺すべきではないという考えには、殺害した「被害者」が不在なのである。

〈どんな理由であろうと、ひとたび他人の命を奪えば、その記憶は自分の心と身体のいちばん奥深くに焼印のように刻み込まれ、決して消えることはない。表面的にいくら普通の生活を送っても、一生引き摺り続ける。何より辛いのは、他人の優しさ、温かさに触れても、それを他の人たちと同じように、あるがままに「喜び」や「幸せ」として感受できないことだ〉（同一三行目）

これは自分が医療少年院を退院して社会に出たあとで実感したことなのだろう。前章で触れたように、Aは仕事先の先輩の家に招かれた際に先輩の小学生の娘の無邪気な眼差しに、淳君や彩花ちゃんの無垢な眼差しを重ねて殺害時の生々しい記憶がフラッシュバックし、耐え切れなくなって先輩の家から逃げ帰っている。

つまり、「後悔の念」は矯正教育によって理解することはできたのだが、自分の言動や行動が周囲に対してどのような影響を与えるかについての想像力が欠落している。

これは「ダフネ君」を殴ったときのエピソードにも通じる考え方だ。

Aは同級生のダフネ君を殴ったあと、生徒指導室に連れて行かれ、なぜ殴ったのかと教師に問いつめられた。このとき、Aは「ウッディ」と名づけた教師にこう食ってかかっている。

〈僕はウッディの眼を真っ直ぐに見て言った。

「蟻やゴキブリを殺しても誰も怒らへんのに、人間の命だけが尊いんですか？　人間を殺すのがそないに悪いことなんですか？」〉（七九ページ、一二行目）

当時のAは人間を人間とは思っていなかった。ゴキブリやナメクジ、猫と同じだと考えていた。だからこそ徐々にその対象がエスカレートし、最終的に自分より弱者である者を選び、性的快楽のために幼い二人の命を奪うという罪を犯したのである。

なぜ人を殺してはいけないのだろうか。すべての人にはそれぞれ生きる権利があり、その権利をすべての人が等しく持っている。生きる権利を一方的に奪う。これは文明社会においては「罪」であり、すべての人に奪われない権利がある。それを侵害するのは許されることではない。

さまざまな考え方があるだろうが、これが一般的なひとつの答えだ。

ところがAにはそもそも他者の感情に対する想像力が欠けている。いまだにナメクジやゴキブリの延長線上に人間を見ているのではないかという疑念が拭えないのである。

父親の涙に対する「ありえない」分析

もうひとつ、Aが「成長していない」と感じる点を指摘しておく。

第一章でも触れたが、Aは少年院を退院後に父親と一度だけ直接会い、二日間一緒に過ごしている。これは手記では「父の涙」としてひとつの章にまとめられている。

このとき、Aは〈僕さえおらんかったらよかったのに。なんで僕みたいな人間が父さんと母さんの子供に生まれてきたんやろな。ほんまにごめん。僕が父さんの息子で〉（一一五ページ、一五行目）と事件後初めて父親に謝罪。父親は肩を震わせて泣き、また家族一緒に暮らそうとAに提案するのだ。

Aの手記はその場面をこう書いている。

〈次の瞬間、父親は僕から眼を逸らし、親指と人差し指で目頭を突き刺すように抑え、見

ないでくれとでもいうように、俯《うつむ》き、肩を震わせ、声を殺して泣き始めた〉（一一六ページ、二行目）

私が成長していないと思ったのは、この涙について彼がこう書いているからだ。

〈辛かったのだろう。本当に辛かったのだろう。志を抱いて島を飛び出し、どんな理不尽なことも我慢し、他人に迷惑をかけることなく、実直に、正直に生きてきたというのに、たまたま自分たちの夫婦の間に生まれた精神的奇形児のせいで、人生を滅茶苦茶にされ、「殺人者の親」と罵られ、社会的な信用も失った。どうして自分がそんな目に遭わされるのか、悔しくて悔しくてたまらなかったのだろう〉（同六行目）

ほとんどの人は、この場面では父親が子どものことを思って泣いていると感じるはずだ。通常なら、これはいちいち説明しなくてもわかることである。

しかし、Aはそうではない。父親が「殺人鬼の親」となってしまった自分自身の境遇を「悔しくて悔しくてたまらない」と嘆き悲しんで涙を流したと思っている。

〈――長男さえ生まれてこなければ――〉

そう思ったこともあったはずだ。でもそれを誰にも言えなかったのだろう。父親はそういうことを決して口にできない人だった。僕が代わりに言ってあげるしかなかった。父親が胸の内に秘めた僕への負の感情を、父親になりかわって代弁することが、この時の僕にできる、父親への精いっぱいの償いだった〉（同一一行目）

それも〈父親になりかわって代弁〉することが償いだという。

Aは身内であろうが他人であろうが、他者の気持ちをまったく読むことができていない。それがよくわかるくだりだ。

このあと、Aは幼いころの記憶がよみがえったとして、唐突にこんな話を始める。

小学校一、二年生のときにAの隣の席にほとんど何もしゃべらない男児がいたという。Aはその子の声が聞きたいという理由でいきなり腹を殴る。男児は声を出さずにかがみ込んだ。さらにAは男児をつねったが、男児は黙ったまま、ひと筋の涙を流したという。

これもAの攻撃性を物語るエピソードだが、彼は父親の涙を見てしゃべらない男児を思い出し、父親と男児を重ね合わせるのである。

〈何の反撃もせず、ただ黙って必死に苦痛に耐えていたその子の涙と、眼の前で泣いている父親の涙が重なって、いたたまれない気持ちになった〉（一一七ページ、一一行目）

父親の涙と男児の涙は本来まったく別の意味を持つものだ。人間はさまざまな場面で涙を流す。肉体的、精神的苦痛で泣く場合もあれば、うれしかったり感動したりして泣く場合もある。悲しかったり悔しかったりして泣く場合もある。

だが、Aには父親と男児の涙の区別がついていない。そうでなければ父親の泣く姿を見て、まったく違う意味のしゃべらない男児のエピソードを持ち出す理由がない。

このくだりから、Aにとって「泣く」という行為はすべて「同じ現象」でしかなく、人が涙を流す理由や、そこにいたる感情に関してはまったく理解できていないと推測できる。

実際に父親の涙に対するAの異常な解釈はさらに続いていく。

〈父親を尊敬したことは一度もなかった。真面目なだけが取り柄のつまらない人間だと思っていた。自分がやったことで父親が苦しむかどうかなんて、毛の先ほども考えなかった〉(同一七行目)

〈自分の存在がどれほどこの人を苦しめてきたのかを思い知った〉(二一八ページ、六行目)

〈この人はずっと自分に傷付けられ続けていたのだ〉(同八行目)

〈それなのに、「自分の息子だから」と、ただそれだけの理由で、僕を愛さなくてはならないのだと自分自身に言い聞かせるように、僕の写真を肌身離さず持ち歩く、罪なほど生真面目な父親が、悲しかった〉（同一一行目）

やはりAは人間として「成長」し切れていない。彼には矯正されたはずだった「何か」が欠落している。

「直観像能力」と犯行の関係

この章の最後にもう一度、Aの性的サディズムについて検証しておこう。

Aが「直観像素質者」であり、この能力が犯行に関連があったことは神戸家裁も認定している。直観像素質者は一瞬でも見た映像を目の前にあることのように思い出すことができる能力がある人のことだ。直観像能力を持つ子どもは多いが、そのほとんどは思春期前にこの能力が消えていくという。だが、稀に思春期以降や成人後も直観像素質を持ち続ける人が存在する。

国語の試験前日に百人一首を八十首以上覚えてしまった人や、難解な六法全書を簡単に暗記してしまう人もいる。直観像素質者にはエリートが多く、作家の谷崎潤一郎《たにざきじゅんいちろう》や画家の山下清《やましたきよし》もこの能力の持ち主だったと言われる。

この能力と犯行の関連について、神戸家裁の決定文にはこう記されている。

〈直観像素質者であって、この顕著な特性は本件非行の成立に寄与した一因子を構成している。また、低い自己価値感情と乏しい共感能力の合理化・知性化としての「他我の否定」すなわち虚無的独我論も本件非行の遂行を容易にする一因子を構成している〉

「虚無的独我論」を噛み砕いて言うと、自分には価値がないと思っているので他人も価値がなく、すべてがむなしいと感じているということだ。

じつは「直観像素質者」には、その能力ゆえに苦悩を抱える人も少なくない。

一度見ただけの光景が数年経過したあとでも色鮮やかによみがえって再現されてしまうため、苦痛をともなう記憶が再現されるケースも多く、その残像やフラッシュバックに苦しむことがあるのだ。これまで何度か紹介してきたように、A自身も犯行時のフラッシュバックに悩まされてきた。

Aが性的サディズムを抱えていることを考えると、問題はもっと深刻なものになる。この直観像素質を持つ以上は小動物を虐待し、人間を殺害した「快楽」を忘れることができないということだ。いくら治療を行っても、まるで同じ映画のDVDを見るように殺害した瞬間の場面が映像で何度も出てきて、同時に同じ快楽を思い出すことにもなるのだ。

医療少年院ではこの能力に対する治療も行われていた。その効果があったのだろう。再非行少年率が三三・九パーセント、成人の一般刑法犯の再犯者率四五・三パーセント（平成二十五年版「犯罪白書」法務総合研究所）というなかで、Aは社会に戻ってから約十年間にわたって犯行を繰り返していない。遺族への慰謝料の問題などは残っているが、ここまでは問題はなかったのだ。

だが、Aは手記を書いた。それもたんなる日記の延長として書いたものではなく、人に読まれるものと知りながら、遺族感情に配慮することなく世間に発表してしまった。

記憶をさかのぼり、事件前後のディテールのなかでも、とくに猫殺しに関する記述に多くのページを割き、自己陶酔による文体模写によって振り返ったということは、まだAが性的快楽を忘れていないということではないだろうか。

第四章

元少年Aの「広汎性発達障害」が見落とされた理由

事件の原因は「心」ではなく「脳」にあった

Aの手記『絶歌』を読むかぎり、彼には贖罪意識が乏しいため、贖罪行動にまではいたらず、事件に対して後悔はしていても、その後悔は自分自身の現在の境遇や心情に向けられたものでしかない。また、過剰な自己肯定、正当化、他者への想像力の欠如、遺族に対する配慮のなさなども見て取れる。

Aが本退院した際に法務省は「Aは寛解した」と説明した。完治とは言えないが、彼の性的サディズムは次第に軽減または消失していき、社会的にほぼ適応できるとされたのである。

しかし、手記を読むかぎり、その後のAの成長は想像以上に遅いように感じる。

神戸家裁の少年審判でAの医療少年院への送致を決定して定期的に少年院を訪ねるなど彼を見守り続けてきた井垣元判事は以前、『週刊現代』二〇〇六年三月四日号での私との対談で、Aの「成長」について次のように語ったことがあった。

〈性的サディズムという言葉は非常にわかりにくい言葉だと思いますが、治ったという問題ではなく、発育が追いついたということだと思います。脳の発育が遅れていたのが、追いついて普通の子供と同じ状態になった〉

〈そう、成長した。普通の子供と同じになったことで彼は世の中で生きていくだけの勇気が得られた。それがベースにあり、そこから先はやはり少年院での教育の成果だと思います〉

〈喋っていると、気持ちの部分もある程度はわかるじゃないですか。会話をして非常に気持ちの良いものを感じさせる、またそういう感性を持った青年になっていました〉

ところが九年たった現在、その井垣元判事でさえAの手記が出版されたあとの『文藝春秋』二〇一五年八月号では以下のように分析している。

〈この手記は、文学的な表現で綴られていますが、大人になりきれていない子どもが書いたものだということです〉〈Aが社会の中で一人の人間として、他の人間ときちんとコミュニケーションを取れていた期間は、仮退院後、保護観察期間中の僅か九カ月だけだった〉

〈大人として成長させるべき保護観察期間が短かったため、自分を客観視できていない幼

稚な状態にとどまっており、その結果、被害者遺族への配慮も圧倒的に不足したものになりました〉

また、井垣元判事はこうも言っている。

〈百メートル走で言えば、Aは、最初の二十メートルで転んでまた立ち上がって走ろうとしている段階です。社会がAを見守り、贖罪行動をさせられるかどうか〉

Aはまだ多くの点で、未熟で自分を客観視できない幼稚な状態にとどまっている——。

私もこの指摘に同意する。Aの手記には彼の幼稚さがにじみ出ている箇所が多く見受けられるからだ。

しかし、私はAがいまだに「幼稚な状態」にとどまっているのは保護観察期間の問題だけではないと思っている。本当の問題はもっと別のところにあるのではないか。

少年事件が起きるとマスコミは事件の原因を「心の病」で片づけようとする傾向がある。親子関係や家庭環境、悲惨な体験などで生じる少年の心因性疾患、いわば「心の闇」に犯行の動機を求めようとする。少年事件にかぎらず、すべての事件には複合的な要因がある。何かひとつが原因だと決めつけることはできない。

そのうえでＡが犯した事件にはこれまで見落とされてきた大きな要因があった。これは事件の再発を防ぐためにも知っておかなければならない重大な問題だ。

その要因とは、「心」ではなく「脳」の問題である。

審判時の精神鑑定では、Ａに対して「性的サディズム」「行為障害」という診断が下された。だが、鑑定では見落とされたが、じつは以前から専門家のあいだでＡにはほかにも精神医学的な障害があるのではないかとの疑念が持たれていた。

法務省関係者によれば、医療少年院に入ってから精神科医などの専門家たちのあいだで、Ａに「広汎性発達障害の特性が見受けられる」との指摘がされていたというのだ。

〈ダフネ君はこのあと、県外の学校に転校した。僕が最後に見たダフネ君の顔は、恐怖に引き攣った泣き顔だった。

僕は、ダフネ君を傷つけたことを何とも思っていなかった。あんなふうに殴られた人がどんな気持ちになるのか、微塵も想像できなかった。僕は、他人の痛みをこれっぽっちも感じられない、最低な欠陥人間だった〉（八二ページ、六行目）

手記のなかにはＡと仲がよかった「ダフネ君」の話が出てくるが、自分が殴っていながら相手の気持ちがわからないと告白しているのである。ここのくだりは共感性が稀薄《きはく》であることの証明である。

Aの事件の取材を進めてきた私が手記を読み解いていくと興味深い事実が判明し、広汎性発達障害にも触れなければならない事実が出てきた。

私は重大な少年事件を扱うたびに、この事実にぶつかってしまうことが多い。毎回同じことを声を大にして主張しているのだが、この障害があると診断されても、周囲の理解や、学校や社会の協力が得られれば通常の日常生活を送ることができるし、社会性も学習することができる。いまでは勇気を持ってみずから告白し、理解を得ることによって周囲とのコミュニケーションを円滑に図ろうとする人々も多い。私はその勇気を偏見に変えてしまわないように、同時に社会に対してさらなる理解を求めていく役割があると思っている。

したがって、以下に関しては、それを前提にして読み進めていただけたらと思う。

広汎性発達障害とはどのような病気なのか。児童青年精神医学が専門の京都《きょうと》大学医学部の十一元三《といちもとみ》教授はこう解説した。

「広汎性発達障害とは家族関係、家庭環境や心理的原因で生じる、いわゆる心因性疾患、心の病気ではありません。また、統合失調症などの精神病とも異なります。生得的な脳機能の異変が精神の発達に影響をおよぼした結果、幼少期から成長を通じて日常生活上のハンディキャップを生じている状態を指します。主な特徴に『対人的、社会的、感情的な事柄に対して適切な理解、行動が困難であること』と『同一性、法則性、規則や整合性への依存や強い固執』が挙げられます」

つまり、相手の感情を理解して臨機応変に対応することができず、決まったマニュアルに沿って行動することを好む傾向があるということだ。「生得的な脳機能」の異変とは生まれつき脳のどこかに問題があるという意味だが、必ずしも知的障害をともなうわけではないのも特徴だ。障害と脳の関係は研究途上であるが、文部科学省の二〇一二年の調査では全国の小・中学生の約六パーセントに発達障害の可能性があるとされている。

広汎性発達障害を代表する疾患は自閉症とアスペルガー障害である。言語発達の遅れや偏りが顕著な場合には自閉症と診断し、言語発達上の問題が目立たない場合はアスペルガー障害と診断するのが一般的である。

これまで広汎性発達障害は医療現場や障害児教育などの狭い分野だけで関心が持たれて

一般社会から切り離されてきたが、ここ十年ほどのあいだに急速に認知されていった。

もし誰かと対面で話していて、相手が急に目線を別の方向に持っていったとする。普通は話をやめて何かあるのかと目線の方向を見るはずだが、広汎性発達障害やアスペルガー障害の人は構わずに話を続ける。そのまま相手に関係なく、一方的に、延々と話し続ける人もいる。

さらに脳の一部が未発達であるため、人を思いやる気持ちや悲しむ気持ちが想像できず、理解することができない。他者への想像力が欠落している。

広汎性発達障害にはいくつか分類があるが、なかでも近年、少年事件の解明においてキーワードになるケースが増えているのが先のアスペルガー障害である。アスペルガー障害は必ずしも知的障害をともなわない。むしろ研究者、医師、裁判官、出版関係など専門的分野で成功している人にも数多い。

しかし、広汎性発達障害については専門家でもすべて解明できているわけではないため、「病名のひとり歩き」を決して許してはならない。「広汎性発達障害を持っている子どもは犯罪者になりやすい」といった短絡的思考は明らかに間違っているし、訂正されなければならない。

残酷なホラー映像を好むという特性

広汎性発達障害はいままで「心の病」とされてきた症例とはまったく違うものだ。統合失調症のように、ある時期に症状が出て薬で治療するような精神疾患とも異なる。

とりわけアスペルガー障害を持つ人は、人間の心の機敏などが理解できないので、視覚的なものが頭に入ってきやすい。このため、ゲームや映画、マンガ、インターネットに熱中しやすい傾向があると報告されている。とくにホラー映画や残酷な描写など過激な映像を好む傾向があり、そうした映像を模倣しようとするのもアスペルガー障害の特徴のひとつだ。

たとえば針金で絞め殺された猫の画像や残虐なシーンが出てくる映画を見ると、それをまるで教材であるかのように受け取って実行してしまうのである。

十一年前に起きた「佐世保小六女児同級生殺害事件」がまさにそうだった。

二〇〇四年六月に当時小学校六年生のＡ子が同級生の女児の首をカッターナイフで切りつけて殺害したこの事件は、神戸連続児童殺傷事件と同様に世間を大きく震撼させた。その際に加害女児のＡ子が好んで読んでいたのがホラー小説であり、中学生同士が殺し合う『バトル・ロワイヤル』（太田出版刊）だった。

映画化もされた『バトル・ロワイヤル』には女子生徒が同級生の首を後ろから鎌で切りつけて頸動脈《けいどうみゃく》から真っ赤な血が噴き出すシーンが出てくる。それをＡ子は「キレイ」だと言って自分でやってみたいと思うようになったという。

事件の翌日に小学校の校長室で警察がＡ子の荷物確認を行うと、ランドセルのなかに「殺す」などの文字が書かれたＢ５サイズの大学ノートがあった。ノートに記されていたのは『バトル・ロワイヤル』を模倣した自作の小説で、最初の十ページに隙間なく書かれていたのは、被害者と同性の女児を含むＡ子が考えた登場人物たちだった。

また、Ａ子は犯行前日にＴＢＳ系テレビドラマ『月曜ミステリー劇場　ホステス探偵危機一髪』を見ている。このドラマでは五人もの被害者が路上で襲われ、回想シーンまで含めると合計八回もカッターナイフで切りつけられるシーンが登場する。少女はこれを見て自分もやろうと思ったと供述している。

社会に対する衝撃の大きさや動機の不可解さ、また犯行時に躊躇が見られなかったことからA子には精神鑑定が行われた。刑事責任を問うための精神鑑定ではなく、成人で言う情状鑑定（心理鑑定）だったとはいえ、十四歳未満、ましてや小学生への精神鑑定はきわめて異例なことだった。

その結果、判明したのはA子が広汎性発達障害のひとつ、アスペルガー障害だったという事実だ。

もっとも当初の鑑定ではアスペルガー障害とは診断されていなかった。長崎家裁の最終審判決定要旨はアスペルガー障害を思わせるA子の特性を指摘しながらも、〈いずれも重篤ではなく、何らかの障害と診断される程度には至らない〉としている。

しかし、この決定には専門家から異論が上がった。当時、私が複数の専門家を取材したところ、「異論」の内容は次のようなものであることがわかった。

「家裁の最終審判決定要旨を読むかぎり、A子に広汎性発達障害と診断名をつけることもできたが、あえてつけなかったようにも思える。長崎県では二〇〇三年に四歳の男児を地上二十メートルから突き落として死亡させた十二歳の少年に広汎性発達障害のひとつであるアスペルガー障害の診断名がつけられている。ところが、その後、広汎性発達障害を持つ子どもが偏見を持たれたり、そのことで悩んで自傷したりする事態が発生して大きな社会的波紋を呼ぶという経緯があった。今回の鑑定ではそうした事例を考慮して、あえて火中の栗を拾うことはせず、病名をつけなかったのではないか」

もしA子が「アスペルガー障害」であると鑑定医が診断して公表していれば、その後の更生教育にも大きく影響を与えたに違いない。

当時、疑問を抱いた私は児童自立支援施設を管轄する厚生労働省の関係者を取材した。そして決定的な証言を得た。

「国立きぬ川《がわ》学院（女児が入院していた児童自立支援施設）で医師が彼女につけた診断名は広汎性発達障害の一種、アスペルガー障害だ」

A子は八十三日間という長期にわたって鑑定留置され、念入りな精神鑑定を受けながらも精神医学的な診断を下されなかった。だが、児童自立支援施設でのさらなる診察によってA子にアスペルガー障害という診断名がついたのだ。

じつはAが広汎性発達障害と知っていた医療少年院

こうした広汎性発達障害の特徴はAにも当てはまる。

神戸家裁の審判決定文には、「処遇」についてこうある。

〈今後、表面上反省の言動を示し始めても、それだけで即断せず、熟練した精神科医による臨床判定（定期的面接と経過追跡）と並んで、熟練した心理判定員による定期的心理判定を活用すべきである。例えばロールシャッハテストによると、現在は、他者への共感力に乏しく、他者の存在や価値を認めようとせず、対人関係に不安・緊張が強く、人間関係の維持が困難であり、TAT（絵画統覚検査）所見は、現在は、他者に対する被害感が強く裏腹に強い攻撃性と完全な支配性を持つ（人間関係は、攻撃するかされるか、支配するかされるかの関係である）が、これらに、表面上だけでなく、好ましい方向への根本的変化が現れつつあるかどうかを追跡し、判定の慎重を期すべきである〉

この決定文のなかで、〈他者への共感力に乏しく、他者の存在や価値を認めようとせず、対人関係に不安・緊張が強く、人間関係の維持が困難であ〉るとあるが、これはまさに広汎性発達障害の特性のひとつである。

さらにAの手記をじっくり読めば読むほど、専門家が指摘している広汎性発達障害の特性がいたるところに見受けられる。

対人関係のやりとりが苦手なのがこの障害の特徴のひとつだが、やはりAも幼少時から他人とのコミュニケーションが苦手だったと手記に書いている。

〈現代はコミュニケーション至上主義社会だ。なんでもかんでもコミュニケーション、1にコミュニケーション2にコミュニケーション、3，4がなくて5にコミュニケーション、猫も杓子もコミュニケーション。まさに「コミュニケーション戦争の時代」である。これは大袈裟な話ではなく、今この日本社会でコミュニケーション能力のない人間に生きる権利は認められない。人と繋がることができない人間は〝人間〟とは見做されない〉（二三四ページ、一〇行目）

そしてテレビやビデオ、本に対しても異常な執着を見せている。手記には映画、小説、マンガなどが随所に登場し、ホラー映画とゲームに夢中の主人公がふとしたきっかけからリアルで残酷な殺人ゲームを手に入れる映画『ブレインスキャン』を淳君の殺害後に繰り返し見ていたという記述が出てくる。

〈足が不自由な孤独なオタクの高校生が、友人から勧められた仮想殺人ゲーム『ブレインスキャン』をプレイする。ゲームの中で行ったはずの殺人が現実世界でも起こり、次第に空想と現実の区別がつかなくなっていく。

オチはかなりサムいのだが、エドワード・ファーロングのアンニュイな雰囲気と、殺人ゲームのナビゲーター、Ｔ・ライダー・スミス演じるパンクファッションの怪人〝トリックスター〟のポップな演技が好きで、何度も繰り返し見た〉（九二ページ、四行目）

ホラーやスプラッタ映画を好み、猫を何十匹も残虐な方法で殺したのは、他者とのコミュニケーションがうまくできないという広汎性発達障害の「二次障害」に性的サディズムが重なってしまったからではないか。

どれだけ残酷で目を背けたくなるようなシーンを目にしても、広汎性発達障害を持つ人はそれを「現象」として捉えはするが、「痛み」に共感することができない傾向がある。

また、「痛み」だけでなく「生命が奪われる」ことに鈍感な人もいる。もちろん症状はそれぞれで多岐にわたっているため、すべてにおいて断定できるものではない。

Aは贖罪の意味がわからず、被害者遺族に配慮することもできず、父親が流した涙を見てもまったく違う意味に受け取った。さらに手記にある淳君殺害後の恍惚とした描写や猫殺しの鮮明で執拗《しつよう》な記述などを見ても、広汎性発達障害の特徴とぴったり符合する。

Aの話ではないが、私は少年院関係者から聞いたあるエピソードを思い出した。被害者の命日に「被害者のお父さんに謝罪の手紙を書く」という課題を広汎性発達障害と診断されていた在院の少年に出した。すると「僕は被害者のお父さんには何もしていません。会ったこともありません」という返事があったという。彼には遺族が被害者であるという発想がなかった。

また、別の少年に対して「殺害した友だちに手を合わせて祈りなさい」と贖罪教育を行った際に、「お祈りって、何を祈るものなのでしょうか」という質問が返ってきたこともあったという。

A自身ももしかすると広汎性発達障害を自覚していたのではないかと思える記述もある。Aは手記のなかで二〇〇五年に大阪で起きた「姉妹殺害事件」の犯人・山地悠紀夫《やまじゆきお》に強い興味を示している。山地悠紀夫は仕事を終えて帰宅した当時二十七歳の姉をナイフで刺したうえで強姦《ごうかん》し、その後に帰宅した十九歳の妹にも同様の凶行を行って二人を殺害した凶悪犯だ。

山地は精神鑑定の結果、弁護士側からはアスペルガー障害を含む広汎性発達障害が指摘されたが、最終的に検察が主張する「性的サディズムを含む人格障害」が採用されて死刑が確定。山地には判決確定からわずか二年という異例の短期間で二〇〇九年七月二十八日に死刑が執行された。山地は姉妹殺害事件の五年前の十六歳のときにも母親を金属バットで殺害して少年院に収容されたが、その際も精神科医に「広汎性発達障害の疑い」と診断されている。

Aは手記でこの山地に触れて、広汎性発達障害やアスペルガー障害についての知識を披露しているのだ。

〈この障害を抱える人は、相手の仕草や表情から心情を汲み取ることが極度に苦手で、言葉の表層部分でしかコミュニケーションがとれず、その場の雰囲気に合った言動を取ることができないという特徴があり、集団の中で孤立しやすい。また、〞アイコンタクト〟が不得手で、他人とまったく視線を合わせないか、逆に相手が気持ち悪く感じるほど、物を見るような眼で相手の顔をじっと見つめたりする〉（一三一ページ、一行目）〈ある程度の実践を踏んだ専門家であれば一日瞭然であるが、この広汎性発達障害は、精神遅滞や統合失調などと比べて見た目には定型発達者（健常者）と区別がつきにくく、問題視されにくい〉（同八行目）

さらに山地の生い立ちや犯行を振り返ったうえで次のように共感し、同情しているのである。

〈（引用者注・山地は）やがて知人の紹介で、パチスロ機の不正操作で出玉を獲得する「ゴト師」のメンバーに加わり、いいように使われることになる。（中略）常に周囲の状況を見極め、仲間の性格や心情も把握し、瞬時に適切な判断を下しリスクを回避しなければならない。コミュニケーション能力や状況判断能力に著しい欠陥を抱えた山地にできる芸当ではない〉（同一七行目）〈あまりにも完璧に自己完結し、完膚なきまでに世界を峻拒《しゅんきょ》している。他者が入り込む隙など微塵もない。まるで、事件当時の自分を見ているような気がした〉（一三四ページ、

三行目）

〈僕には彼が、ひとりでも多くの人に憎まれよう憎まれようと、必死にモンスターを演じているように見えた。誰にも傷つけられないように、自分のまともさや弱さを覆い隠し、過剰に露悪的になっているその姿は、とても痛々しく、憐れに思えた〉（同七行目）

もちろん山地に自分を投影しているからといって、Aが広汎性発達障害だという証拠にはならない。また、広汎性発達障害を持つ人がホラー映画など残虐な描写を好むのも、たんにひとつの傾向でしかない。

そのうえ広汎性発達障害に対する認知が遅れていた日本にこの概念が入ってきたのは、ほんの十数年前のことである。文部科学省が二〇〇二年に広汎性発達障害の判断目安を具体的に挙げて発表したが、「発達障害者支援法」が施行されたのは二〇〇七年であり、それを受けて「特別支援教育」がスタートしたのも二〇〇七年のことだった。

法務省においても、Aが神戸家裁審判で精神鑑定を受けた一九九七年当時は、広汎性発達障害はまだ一般的な概念ではなかった。

一方で児童や少年における発達障害の割合は年々増え続けている。前述のように、二〇一二年の文部科学省の調査では全国の通常学級に通う四万人以上の児童生徒のうち、発達障害と思われる子どもの割合が六・五パーセントにおよんだ。これを実際の人数にすると一クラス四十人のなかに二人から三人の発達障害の児童がいることになる。

この数字は必ずしも発達障害の児童生徒の数が増えているということではない。医師などの専門家のあいだでもずっと曖昧だった発達障害の概念や判断基準の理解が広がり、発達障害そのものが多くの人に認知されるようになったためだ。以前は発達障害であっても障害とは診断されないケースが多かったが、現在では専門医による面接調査で比較的短時間に診断することができるようになった。

私が「もしかしたらAは広汎性発達障害なのかもしれない」と考え始めたのも、『2500日全記録』の執筆後に動機不明の不可解な少年事件が立て続けに起こり、取材を続けて事件を解明していく過程でのことだった。

それらの少年事件の加害者たちは広汎性発達障害と診断されたり、また診断はされなかったりしても、その兆候を見ることが非常に多かった。

Aが医療少年院を退院した翌年には、鑑定医として少年事件にもかかわる前出の十一氏と『週刊現代』二〇〇五年十一月二十六日号で対談した。その際にAが広汎性発達障害と診断されず、性的サディズムと行為障害とされたことについて率直に疑問を投げかけたことがあった。

十一氏の返答は、〈私たち児童精神科医からみると疑問点はありますが……。実際に会っていないので、確かなことはわかりません〉というものだった。精神科医の立場として、こうした慎重な答えになるのは当然だが、以前からその疑いはあったのだ。

だとしたら、Aが更生するかどうかの鍵は、Aの「心の矯正」ではなく「脳」の問題、矯正教育で「理論的な学習」をさせることのほうが必要になってくる。

私はAの手記が出版されたあと、あらためて彼の矯正教育にかかわった法務省関係者に取材を行い、かねて疑問に思っていた質問をぶつけてみた。

すると、この法務省関係者は私の問いにこう答えたのである。

「Aが広汎性発達障害、いわゆるアスペルガー障害という認識を関東医療少年院の専門家たちが持っていたのはたしかです」

私は衝撃を覚えた。いままでのすべての疑問が解け、体の力が抜けていくのを感じた。

「Aが退院した二〇〇四年当時は『DSM-Ⅳ-TR』（『精神障害の診断と統計マニュアル』アメリカ精神医学会刊）さえまだ日本には浸透していなかった時代です。多くの専門家たちが発達障害だけでなく、いまでは一般的になったPTSDの判断さえ躊躇した時代でした。しかも性的サディズムの治療を経て少年院を退院するAに対して発達障害の診断をしてどうしようというのか。その必要はないんです。診断しても治療ができなくては無意味です。ただ、専門家たちはみんなわかっていました」

少年院側はその事実を把握していて六年数カ月におよんだ矯正教育を行ったのだ。しかし、思ったような結果までにはいたらなかった。それどころか手記の出版によって裏切られた形になってしまったのである。

広汎性発達障害が「封印」された理由

やはりAは関東医療少年院で広汎性発達障害、アスペルガー障害と診断されていた。

たしかに広汎性発達障害は「脳の構造上の疾患」であり、根本的な治療は難しいと言われている。しかし、法務省関係者が言うように「治療ができない」かと言えば、決してそんなことはない。

犯罪精神医学を専門とする精神科医の影山任佐《かげやまじんすけ》氏は、広汎性発達障害の治療についてこう説明する。

「広汎性発達障害は治療や矯正によって完全に治る性質のものではありません。残念ながら現在において根治的な治療はまだないのが実情です。ただ、障害の出方や程度を低くすることは可能です。症状が固定してしまう前に症状をマイルドにすると言えばわかりやすいかもしれません。

こういう場ではこんなことを言ってはいけない。逆にこういう場では他人にこんなふうに接する。こうしたデータを頭のなかで一定の基準に従って並べ替え、マニュアルとして記憶してケース・バイ・ケースで試していく。それをできるだけ数多く構築していくという方法です。

そうすれば深いかかわりをしなくても表面的なトラブルは避けることができます。とくに障害を持つ人が仕事をするうえでは、こうしたテクニックが必要になってくる。他人の気持ちが理解できないのならロジックとして理解させるのです。

広汎性発達障害も、完治はしないまでも治療でいい方向に持っていくことは可能です。それによって本人が生きやすくなり、自己理解を深めるかもしれない。周囲の人も障害を理解することで凶悪犯罪の再犯防止を期待できます」

性的サディズムと同様に、問題を抱える少年を社会に適応できるように教育・訓練していく。完治は難しいかもしれないが、広汎性発達障害も「寛解」は可能なのだ。

なかでも重要なのは「早期発見」「早期認知」「早期治療」の三つとされている。

広汎性発達障害を持つ人による犯罪は、この障害の特性によるものではなく、あくまで周囲の理解やサポートが適切でなかったために引き起こされた「二次障害」とも言える。早期発見によって幼児期からの適切な教育を行えば、ある程度の社会適応能力を養うことができるのである。

佐世保小六女児同級生殺害事件も、家族や周囲が加害少女A子の広汎性発達障害という先天的なハンディキャップに気づかなかったことが背景にある。

現在では小・中学校も発達障害を持つ子どもの支援に力を入れ始めている。三歳になると発達障害があるかどうかを診察する自治体も存在する。

たとえば東京都武蔵野《むさしの》市の武蔵野東《ひがし》学園では、「広汎性発達障害児」と「健常児」がともに生活するという「混合教育」体制、現在の教育界で声高に叫ばれている「インクルーシブ教育」をどこよりも早く行って発達障害専門の教育を実践する幼・小・中・高等専修学校を併設している。

私は以前、取材を兼ねてこの学校を訪れたが、発達障害児は教師の手厚い指導のもとで、健常児をお手本にして刺激を受けながら社会性を身につけるという画期的な教育を行っていた。当時、武蔵野東学園では全校生徒千七百十七人のうち発達障害児が四百四十四人と約四分の一を占めていた。

とくに目を引いたのは買い物の練習である。通常なら二百円のものを購入して千円札を渡せば八百円のおつりがくるのは当たり前に理解できるが、広汎性発達障害の子どもたちは、なぜおつりがくるのかわからない。お金がものを買うときの代替であることがわからない。基本的に物々交換の発想であるため、そこにお金を挟むことが理解できない。まず通貨という「共同幻想」をつくることから始めなければならない。基礎の基礎から教えるのだ。

ここでは広汎性発達障害の特性を十分に理解したカリキュラムが組まれ、最終的に高等専修学校で社会に出て仕事をするためのスキルを身につけることができる。

また、それとは別に広汎性発達障害に有効とされるのが「ソーシャルスキル・トレーニング」と呼ばれるトレーニング法だ。健常児なら「はい、どうぞ」と何かを手渡されたら「ありがとう」と言うが、発達障害の子どもにはそれが理解できない。そこで「何かをもらったら、ありがとうと言うんだよ」と教えると、「ああ、そうなんだな」となる。

プログラムには「ストレス・マネージメント」というものもある。風船を使ってストレスがたまる様子を説明し、爆発するときに「ストレス火山が爆発する」と教える。「キレる」ことを視覚に訴えて具体的に説明することで、ゆっくり何度も学ばせるのだ。

おわかりだろうか。広汎性発達障害は理論的にひとつずつ丁寧に「理解させる」「学習させる」ということが基本的な「治療」となるのだ。

以前から精神科医は少年事件の精神鑑定において広汎性発達障害と診断することについてきわめて消極的な姿勢を取ってきた。広汎性発達障害を専門とする児童精神科医の数の不足もあるだろう。しかし、前述したように、佐世保小六女児同級生殺害事件の審判決定でもA子にアスペルガー障害の特性があることを認めながら、なぜか〈いずれも重篤ではなく、何らかの障害と診断される程度には至らない〉として発達障害と鑑定しようとしなかった。

その理由としては、先天的な障害は「責任能力の有無」に深くかかわり、その後の審判や処遇に大きく影響するからである。

近年の少年事件では「環境要因」だけでなく「精神医学的な背景」を考慮しなければならないが、法務省にはいまだに「環境要因」を重視する傾向がある。Aに行った「育て直し」のように家族の愛情に恵まれず、環境要因に問題がある「かわいそうな子ども」を更生させていくという発想だ。

発達障害の研究がある程度進んだ現在も、基本的に法務省は「犯罪の背景は後天的、環境的に獲得されたものだ」という、まるで「性善説」のような立場を固持している。

たしかに先天的な障害は、偏見や差別につながるのではないかという懸念もある。

実際に佐世保小六女児同級生殺害事件ではその点が長崎家裁の審判決定に影響した。これも先ほど専門家の証言を紹介したように、長崎県ではこの一年前の二〇〇三年に当時十二歳の少年が四歳の男児を地上二十メートルの地点から突き落として死亡させるという事件があった。この少年はアスペルガー障害と診断されたが、その後、広汎性発達障害を持つ子どもが偏見や差別を受けて社会的な問題となった。こうしたことを考えて長崎家裁から依頼された鑑定医は、A子に広汎性発達障害の診断をしなかったのではないかと言われている。

神戸連続児童殺傷事件の場合もAを広汎性発達障害だと公表すれば、裁判所が決定文として公表した「母親原因説」「愛着障害」が根底から覆されてしまうという懸念があったのだろう。

私が取材したある法務省関係者は、「広汎性発達障害くらい世の中にたくさんいる。Aの矯正は広汎性発達障害を治すのではなく、まずは性的サディズムを抑えて再犯を防ぐことが重要で、広汎性発達障害以前に治すべきことがあった」と言った。

また、別の法務省関係者は「診断することによって烙印《らくいん》も押される」としたうえで、「Aが広汎性発達障害かどうかは問題ではない。どういうふうに育て直して社会に復帰させるかというのが最も大きな問題だった」と愕然とする発言をしていた人もいた。要するに日本中を震撼させた事件の加害者であるAについては、「センシティヴ」で「腫れ物に触る」ような案件だったということだ。

こうした姿勢では事件の真相究明や再発防止にはつながらない。やはり少年のプライバシーに配慮しながらも、正式に公表することによって社会全体の問題として捉え、普通の病気にかかったときと同様に「早期発見」「早期認知」「早期治療」を何より推進すべきであったと思う。

少年事件は「心の闇」だけでは解明できない

誤解がないように何度も言っておくが、広汎性発達障害を持つ人が犯罪や事件を起こしやすいということでは決してない。

事件の容疑者にこうした障害があったとしても、それは発達障害の特性によるものではなく、周囲が適切な支援をしなかったために起きた「二次障害」と考えるべきだ。

それを防ぐためにも、早期の発見や認知、適切な療育が不可欠なのである。

たしかに少年犯罪の加害者には親子関係や家庭環境などの成育歴に問題があるケースが多い。神戸連続児童殺傷事件でもAには母親との関係不全を原因とする「愛着障害」が認定された。私も事件後間もないころは、Aの凶行は性的サディズムなどの「心の闇」が原因と考えていた。当時『2500日全記録』の取材でも関係者から広汎性発達障害の話を聞いたことは一度もなかった。

しかし、二〇〇四年に起こった「佐世保小六女児同級生殺害事件」をはじめ、翌年の二〇〇五年十月に静岡県伊豆《いず》の国《くに》市の十六歳の女子高校生が母親に劇物のタリウムを少しずつ飲ませ、苦しむ様子を記録してブログに公開していた「静岡タリウム少女母親毒殺未遂事件」、さらにこの翌年の二〇〇六年六月、奈良《なら》県の名門私立高校に通っていた十六歳の少年が自宅に火をつけて家族三人を殺害した「奈良エリート少年自宅放火殺人事件」では、加害者にすべて広汎性発達障害の診断結果が出たのである。

さらに最近でも二〇一四年七月に長崎県佐世保市で当時十五歳の女子高校生が同級生を殺害した事件、二〇一四年十二月の名古屋大女子学生による惨殺事件でも加害者に同じ診断名が下されている。

佐世保小六女児同級生殺害事件の加害女児は周囲から「普通の子」と見られていた。いまの時代は「何が普通か」という定義の問題もあるが、ニュースでも「加害者はごく〝普通の子〟で、ごく普通の両親に育てられた」と報道され、被害者の遺族も手記では「普通な子ども」と記している。

だが、加害女児は映画や小説の残虐な描写を好み、チャットでは「魔術」に関する書き込みをしていた。精神鑑定では広汎性発達障害とは診断されなかったものの、罪の意識が感じられない、コミュニケーション能力の欠如、他者との感情のやりとりが苦手、両親に対する無関心など、「普通の子」とは明らかに異なる事実が浮かび上がった。

静岡タリウム少女母親毒殺未遂事件の加害少女も、幼いころから昆虫が好きで、「ファーブルちゃん」と呼ばれる明るい子どもだった。

それまで少女には病歴がなく、経済的にも恵まれていた。虐待などの形跡はなく、家庭環境は良好で、周囲からは仲のいい家族と思われてきた。

ただ、少女は幼稚園のころから友だちの輪に入らず、ひとりで遊ぶことを好んだ。邪魔すると大声で泣き叫ぶことがあったという。友だちとのコミュニケーションがうまく取れなかったのである。その一方、虫やうさぎの観察に熱中したり、ビー玉集めにも強いこだわりを持っていたりした。

思春期を迎えるころ、うさぎの観察は「うさぎを解剖してみたい」に変化する。そして出会ったのがサイコパスと言われ、毒殺に取り憑《つ》かれた男グレアム・ヤングの評伝ルポ『毒殺日記』（邦訳・飛鳥《あすか》新社）だったのである。それからというもの、少女はヤングに傾倒していった。

その後、少女が図書館で借りる本は医学、犯罪、黒魔術、ナチズムに関するものが大半を占めるようになった。また、少女は当時のブログに自分のことを「俺」とも記している。同級生とコミュニケーションが取れず、学校で孤立していた少女は母親にタリウムを少しずつ投与し始めた。母親との確執があったわけではない。理由は「たまたま近くに母親がいたから」だった。

私は逮捕後に父親のもとに送られてきた少女の手紙を見せてもらったことがある。そのとき、父親はこう言った。

「謝罪の言葉も反省する気持ちもいっさい記されていない。そして、いまだに自分のことを〝俺〟と呼んでいる」

また、父親は少女がアスペルガー障害だという鑑定結果も聞かされていた。私が重要だと考えるのは、少女が精神鑑定で広汎性発達障害のひとつ、アスペルガー障害と診断されたことより、むしろその先にある。

精神鑑定の結果を知ったのは父親だけではなく少女も同様だった。自分がアスペルガー障害と認識すると、少女は父親に広汎性発達障害に関する資料を差し入れてほしいと頼み、発達障害についての知識を吸収していったという。それ以降は父親に送られてくる手紙の内容がガラリと変わった。アスペルガー障害を認知したことによって少女は自分の状態を把握し、前向きな考えを持つことが可能になったのだ。

前出の十一氏は広汎性発達障害を持つ加害者にそう診断しないことの弊害を以前、私との対談でこう語った。

〈重大事件を起こした少年の病名を覆い隠すこともまた、避けなければなりません。なぜなら、それを抜きに彼らの起こした事件の真相は究明できないからです。たとえば佐世保

の少女であれば、「普通の子」というレッテルを貼られたことで、犯罪の動機がより見えにくくなってしまった〉

もし法務省がAを広汎性発達障害と公表していたら、社会全体が診断名に対して理解を深める動きにつながる可能性もあったのではないか。その場合、社会性に欠け、遺族感情を無視したあのような手記を果たして出版することができただろうか。

進まない再犯防止のためのサポート

Aの更生には、もうひとつ重要な問題が残されている。

それは、この章の冒頭で井垣元判事が指摘した保護観察期間の短さ、そしてその後のサポートだ。

井垣元判事は同じく『文藝春秋』二〇一五年八月号でこう語っている。

〈自力で生きようとしたものの、地下に潜ったモグラのような生活でした。大人として成長させるべき保護観察期間が短かったため、自分を客観視できていない幼稚な状態にとど

まっており、その結果、被害者遺族への配慮も圧倒的に不足したものになりました〉
〈問題は、〇五年元旦に保護観察期間を終えてから、Aがどのように生きたか、ということです。法律上の縛りがなくなり、一〇〇％の自由を得たAは、匿名の人間として自力で生きていこうと決意した。しかし、この十年間は見事なまでの失敗でした。
私は保護観察期間が終わった後も、専門家のサポートが必要だと考えていました。（中略）ところが、そうではなかった。Aは、保護司やカウンセラーといった支援者の存在を鬱陶しがって、彼らのもとから逃げてしまったのです〉
Aの保護観察期間はわずか九カ月しかなかった。保護観察が終わると彼は支援者のもとを相談もなく出奔した。これには制度的な問題も指摘されている。そもそも日本では矯正施設を出たあとのケアが十分とは言えないからである。
少年事件の場合は保護観察処分になった少年と少年院から仮退院した少年が保護観察を受ける。保護観察の対象者はひと月に二回ほど保護司の自宅で指導を受けて就職先の相談などに乗ってもらう。ただし、保護司はボランティアにすぎず、官公庁や教師などを定年退職したあとにつくことが多い。年齢的にも対象者をケアするのには限界があるのだ。

A以前にこの問題が露《あら》わになったのが手記に出てくる「大阪姉妹殺害事件」の山地悠紀夫のケースである。

二〇〇〇年七月に山地は十六歳で母親を殺害して岡山《おかやま》少年院に入院した。ここで優等生だった山地は矯正教育を三年間受けて二〇〇三年十一月に仮退院。翌年三月には保護観察期間が終了した。だが、サポートを受けられなくなった山地は仕事が長続きせず、その後は大阪に流れ着く。そして二〇〇五年十一月に再び姉妹殺害という凶行に手を染めた。

事件は保護観察期間が終わってからわずか一年七ヵ月後のことだったのである。

しかも山地はアスペルガー障害と診断されていた。少年院では優等生で矯正教育を受けたとはいえ、なおさらその後のサポートが必要だったのではないかと感じる。

事実、山地は姉妹殺害の動機について、「母親を殺したときの感覚が忘れられず、人の血を見たくなった」と供述している。

このときも法務省は山地に広汎性発達障害、アスペルガー障害であることを認知させず、仮退院の際も医師の紹介状を渡しただけだった。保護司にも山地がアスペルガー障害だということを伝えなかった。そこには差別や偏見に対する配慮もあったと思われる。しかし、障害を本人や保護司に知らせていない以上、この程度の期間のサポートではやはり不十分だったのではないだろうか。

現在、Aは世間を震撼させた凶悪事件の加害者というだけではなく、つねにその動向がメディアに注目される「超有名人」になってしまった。手記のなかでも職場で仲よくなった中国人にカメラを向けられると感情的になってカメラを奪い、床に叩《たた》きつける記述が出てくる。

Aが社会的不適合を起こしやすい広汎性発達障害であれば、なおさら行政や専門家による長期間のサポートが不可欠のはずだ。社会に受け皿がなければAはさらに孤立し、行き場がなくなり、再びなんらかの事件を起こす可能性さえある。Aは人と交わることが苦手なため、ひとりでいることが心地よいのだ。

再犯防止の意味でも、いまとなってはいちばん重要である家族が中心となり、連携して支援システムを構築することが必要なのではないだろうか。そして遺族に手記の出版に対する謝罪と、今後一生をかけて償っていく具体的な内容を早急に示すべきである。

背負った十字架を下ろすことは絶対に許されない。

第五章

『絶歌』をめぐる議論を検証する

被害者遺族や支援者は〝どこ〟に怒っているのか

元少年Aの手記『絶歌』は出版以降、大きな批判にさらされた。

「あんなものは読むに値しない」「即刻回収すべきだ」「出版元の太田出版の本は二度と買わない」

Aの手記出版について取り上げたテレビ各局のニュース番組やワイドショーも軒並み批判的に報道し、多くの著名人やコメンテーターたちが不快感をあらわにした。

こうした反応をもたらした最も大きな原因は、A本人や出版社が被害者遺族の感情に配慮せず、事前に連絡することなく手記の出版を強行したことにある。

二〇一五年一月、『週刊新潮』がAが手記の出版を計画していると報じたが、その時点ではまだ信憑性《しんぴょうせい》がなかった。被害者遺族やAの両親の代理人をはじめ多くの関係者たちも、発売当日に朝日《あさひ》新聞が報じるまで手記の存在をいっさい知らなかったという。

Aの手記は遺族にとっても、まさに寝耳に水の出来事だったのである。

そのため土師淳君の父親の守氏は、手記発売当日の六月十日に弁護士を通じて〈以前から、彼がメディアに出すようなことはしてほしくないと伝えていましたが、私たちの思いは完全に無視されてしまいました。なぜ、このようにさらに私たちを苦しめることをしようとするのか、全く理解できません〉と強く怒りをにじませたコメントを発表し、即時の出版中止と回収を求めた。

実際に土師守氏は六月十二日に「精神的苦痛は甚だしく、改めて重篤な二次被害を被る結果となっている」と訴えたうえで、手記の出版元である太田出版に回収を求める申入書を送った。

また、Aの両親の代理人を務める弁護士も、『週刊文春』二〇一五年六月二十五日号でこう語っている。

〈「事件発生から十八年、ようやく遺族の方々に対して、誠意が伝わってきたのではないか。今回の出版は、そういう感触を得られた矢先のことで、これまでの関係者の努力を無にしてしまった。私自身、今年の春先から出版の噂が流れていましたが、絶対にありえないと思っていました。私自身、相当なショックを受けています」〉

同誌では続けてAの支援者のこんなコメントを紹介している。

〈「遺族と顔を合わせてAが謝罪することを一つの区切りと考え、実現に向けて、両親たちは苦心してきました。Aは毎年被害者の命日に手紙を送っていますが、今年の土師淳君のご遺族に対しての手紙は膨大な量で、父の土師守さんが『もういいのではないかと思った』と言うほどの内容だった。しかし、その直後に出版騒動が起き、遺族に大きな不信感を抱かせることになってしまいました」〉

被害者遺族を苦しめるだけではなく、手記はAの社会復帰を支えてきた支援者たちの努力も台なしにしたのである。関東医療少年院の矯正教育でAの母親役を務めた女性精神科医も手記出版には反対し、深く憂慮しているとされている。

一方でこの手記が出版・表現の自由との兼ね合いをはじめ、さまざまな問題を投げかけ、議論を呼び起こしたのも事実だろう。

犯行現場となったAの故郷である神戸市にほど近い明石市《あかし》には被害者の淳君の墓がある。この明石市の泉房穂《いずみふさほ》市長は「遺族の同意なく出版されること自体許されない行為で、加担してほしくない。私個人の思いとしては売らないでほしいし、買わないでほしい」と異例のコメントを出し、Ａの手記の販売を取りやめる書店チェーンも現れた。図書館にも閲覧制限の動きがある。

出版・表現の自由が保証されている以上、たとえ著者が元凶悪犯であっても出版社は手記を出すことができる。事実、これまでにも社会を揺るがした凶悪事件の加害者たちが多くの手記を出版してきた。

その一方、被害者の遺族など手記が出ることで被害を受けたと考える人が著者と出版社に対して本の回収を求めるのも心情的に理解できる話だ。過去には出版差し止め訴訟に発展したケースもあった。

出版にかかわる者、とくにジャーナリズムがやらなければいけないのは、この手記に書かれてある内容を検証し、Ａがどこまで更生したのか、再犯の可能性はないのか、なぜ手記を書いたのか。こうしたことを読み解くことである。

同時に、いま必要なことは、Ａの手記をめぐる議論を検証しておくことでもある。

出版されるまでの複雑怪奇な経緯

まず、Aの手記がなぜ出版されるまでにいたったのか、その経緯を振り返っておこう。私自身もコメントしているが、前述の『週刊文春』二〇一五年六月二十五日号にはAの手記が出版されるまでの経緯が詳細にレポートされている。

それによると、Aが最初に手記の出版を持ちかけたのは太田出版ではなく幻冬舎《げんとうしゃ》だったという。幻冬舎は芸能人の告白本をはじめ、これまで数多くのミリオンセラーを生み出してきた出版社である。同社社長の見城徹《けんじょうとおる》氏は芸能界、政財界、メディア業界に幅広い人脈を持ち、彼自身も何冊もの著書を出している有名編集者であり、経営者だ。

この見城氏のもとに〈「元少年A（酒鬼薔薇聖斗）」〉という名の差出人から封書が届いたのは、いまから約三年前の二〇一二年の冬のことだった。

封書には事件当時にテレビで報じられた神戸連続児童殺傷事件の犯行声明とそっくりの角張った文字で書かれた数十枚におよぶ長文の手紙が収められていた。そこには手記執筆にいたるまでの心境が克明に記され、〈「破滅を覚悟で人生最大のロシアンルーレットに挑むことにしました」〉と手記同様に過剰な表現の決意が綴られていたという。Ａはテレビ番組で見城氏のことを知り、見城氏の書いた著書を読んで影響を受けた。その結果、幻冬舎なら自分の本を出してくれるのではないかと考えて手紙でラブコールを送ってきたと思われる。

手紙の最後には連絡方法についてフリーメールのアカウントのＩＤとパスワードが記されていた。Ａと見城氏の二人がログインすることを可能にしたうえで下書き欄にお互いがメッセージを残すというやり方である。これならメールを送受信しなくても連絡を取り合うことができる。

年が明けて二〇一三年はじめ、Ａは打ち合わせのため、ついに幻冬舎の会議室に現れた。見城氏はこのときのＡの印象についてこう語っている。

〈「会った印象は、非常に真摯《しんし》で真面目。ただ感情を何一つ表さず、世間話や無駄口が一つもない。（中略）怒ったり笑ったりがほとんどなくて人間的な感情が感じられないんだな」〉

〈「聞こえないようなか細い声でしゃべって、体つきも華奢。群衆の中にいても全く目立たないだろうね。身だしなみはきちんとしていて、ブルゾンを着こなしていたことが印象的だった」〉

Aは〈とにかく書きたい。書かずにはいられない〉といった様子で、そこで幻冬舎側は〈まず『匿名で小説を書かないか』と伝えた〉という。出版後の現在の状況を考えればわかるように、手記を出せば世間から大きな注目を浴び、さまざまな問題が発生するのが目に見えていた。幻冬舎としては、できればそうした事態を避けたかったと思われる。そこで小説を提案したが、あくまでノンフィクションにこだわったAは小説として書くことを拒否。その結果、手記という形式で書くことになったのだという。

手紙が届いてから約四カ月後に最初の原稿が送られてきた。すでに単行本一冊として出版するのに十分な文字数があったという。

興味深いのは、Aが書き上げたこの最初の原稿の内容である。

すでに検証したように、Aの手記は贖罪意識がない一方で、自己正当化や自分を特別視する記述が非常に目立つ。しかし、次の見城氏の証言から推測すると、Aの最初の手記は出版されたものよりさらに自己顕示欲が激しいものだったと思われる。

〈Aが書き上げてきた原稿は贖罪意識の乏しいものだったという。

「過剰な自己陶酔と思える記述が多かった。彼は『いつも自分が犯してしまった罪と罰にのた打ち回っています。そういう毎日でした。だけど十四歳であのような行為が出来た自分に対して、いまの自分が激しく劣等感を抱いていることは確かです』と言っていた（後略）」〉

十四歳のときの行為に対して三十三歳のいまの自分が劣等感を感じている。行為というのはもちろんあの「犯罪」のことだ。あのショッキングな事件に比べて現在の自分がまったく社会に影響を与えていないことに対して劣等感を抱いているということだ。強烈な自己顕示欲。自分が手記を出版すれば当時のように社会に衝撃を与えて、再び世に名を知らしめることができるという高揚感が根底にあったとしか思えない。

結局、最初の原稿はボツにされたが、幻冬舎との打ち合わせやメールのやりとりを通じて繰り返し原稿の修正を重ねていったという。見城氏は記事で〈記憶力には驚かされたよ。少年院にいるときに鑑定医によってAの精神分析が行われた。記録は四百字詰めで三十数枚くらいのすごく長いものなんだけど、僕は本の一番最後に使えないかと考えていた。彼はそれを一言一句暗記してたんだよ〉とAの直観像能力についても証言している。

また、当時のAは三年以上勤めた溶接関係の会社を辞めて短期のアルバイトで食いつないでいる状況だったためか、〈書くことに専念したい。お金を貸して欲しい〉と見城氏に借金を申し込んできたことがあった。幻冬舎がAに貸したお金は合計四百万円以上にのぼったとされる。

だが、見城氏によれば幻冬舎は当時、手記出版には三つのハードルがあると考えていたという。ひとつはAが本当に贖罪意識を持つこと。次に手記を実名で書くこと。社会を揺るがした事件の当事者として被害者のことも書く以上、自分だけ匿名というのは通らないというのがその理由だ。

そして最後は被害者遺族に手記出版を事前に知らせることだ。

許可をもらうのは難しいかもしれないが、出版にあたってはきちんと筋を通す必要がある。幻冬舎側はこうした条件を満たすには〈あと二年はかかると考えていた〉という。

そこで見城氏は二〇一四年にほかの出版社で出す方向に舵《かじ》を切り、Aに太田出版を含む三社を紹介すると提案。太田出版は二〇〇七年に見城氏の初の単著を出版するなど見城氏と深い関係にある。当初は提案に難色を示していたAだが、二〇一五年三月初旬に都内のホテルで見城氏と三度目の面談をした際に、挨拶もそこそこに〈Aが『太田出版で出させてください』〉と切り出し、〈『太田出版の社長にどうしても会いたい』と言うわけよ〉という。

見城氏はその場で太田出版社長の岡聡《おかさとし》氏に電話してホテルに駆けつけた岡氏をAと引き合わせた。そして三カ月後には手記が発売されることになったと証言している。

これ以上のことは当事者でなければわからない。いずれにせよ、手記は初版十万部という異例の部数で出版され、発売一週間後には五万部が増刷された。その後も増刷は続いている。

そして手記は轟々《ごうごう》たる社会の批判にさらされることになったのである。

元週刊誌編集長が指摘する手記の問題点

太田出版がAの手記出版に踏み切った理由はどこにあるのだろうか。

私は手記が世間を騒がせていたさなかの七月初旬に、出版プロデューサーの元木《もとき》昌彦《まさひこ》氏に話を聞きに行った。

元木氏はかつて講談社《こうだんしゃ》で『週刊現代』や『ＦＲＹＤＡＹ』の編集長を務め、見城氏と同様に辣腕の編集者として知られた人物である。出版・表現の自由に関しても深い考察を持っている。

「手記を読んで最初に感じたのは、Ａはあの事件について罪の意識をあまり感じていないのではないかということでした。それは手記全体をあらためて読み直しても強く感じるものです。謝罪しているように見えても言葉が上滑りしている。だから読んでいて腹を立てる人が多いのでしょう」

ここまで繰り返し指摘してきたように、手記からは罪を償うという意識がほとんど読み取れない。元木氏もそこに大きな違和感を持っている。

たとえばAは「なぜ人を殺していけないのか」という問いに対して「自分が苦しむから」と書いている。

「自分が苦しむとは書くべきではない。当然ながらこうした手記を出す場合にまず考えなければいけないのは、自分が殺害した被害者、そして遺族の人たちのことです。ただ、私は手記を出すべきではなかったとは思わない。太田出版が商業出版社である以上は出版するのは当たり前のことです。私自身、おそらくAの手記を持ち込まれたら出版に踏み切ったと思います」

問題は手記を出版したことではなく、遺族への配慮のない本を出してしまった点にあるという。

「私がこの手記の担当編集者だったら、何度も机を叩いてAに『ふざけるなっ！』と言っているでしょうね。『自分が苦しむ』という表現もそうですが、こんな書き方をしてはいけないというのは、本来は編集者が判断してアドバイスや指導すべきものです。A自身にどこまで贖罪意識があるかどうかはともかく、手記がこれだけ批判を受けているのは出版社や編集者側の問題も大きい。私は手記を出すべきではなかったとは思わないが、あの内容で出版したことには疑問を感じています。あんな中途半端で未熟な手記なら出すべきではなかったと思っています」

一方、被害者遺族に知らせずに出版したことについてはどうだろうか。

土師守氏は公式に発表した声明以外にも『週刊新潮』二〇一五年六月二十五日号で次のように怒りを露わにしている。

〈「（引用者注・Aの）両親の出版時以上のショックを受けています。今回、本が出てから5日経った時点でも、太田出版から何の連絡もありませんし、本も届いていません。もちろん読んでいないし、読む気にもならない。我が子が殺された描写を、誰が読みたいと思うでしょうか。彼は自分がやったことを顕示しているだけで、反省していないと言うしかありません。殺人を犯した人間が、被害者側に断りもなく、本を出版して金儲けするなど信じられない。犯罪者が犯罪を誇示しているようなもので、これを出版の自由とは言えないと思います」〉

出版・表現の自由を考えるうえで遺族感情は必ずしも絶対ではない。

しかし、日本中に衝撃を与え、少年法改正にまでおよんだ事件だったことを考えると、手記が社会的に大きな問題になることは十分に予想された。遺族から出版を許可されることは無理だったかもしれないが、せめてその努力、もしくは事前に知らせるなどしていれば、遺族側のショックも多少は和らいだ可能性はある。

手記の担当編集者である太田出版の落合美砂《おちあいみさ》氏はその点について、前出の『週刊文春』二〇一五年六月二十五日号でこう釈明している。

〈ご遺族にご連絡しなかったことについては、批判を受けるだろうなと思いました。ただ、彼がもっとも恐れていたのが、反対されて出版を止められることだったのです〉

あくまでも立場上は遺族感情より手記を出すことのほうが重要だったということだ。

元木氏は手記の内容によっては遺族感情が変化する可能性もあったと語る。

「遺族には許してもらえなくても、手記を読んで『なぜ、彼があのような犯罪を起こしたのか、その一端がわかった気がする』という内容を書き込まなければいけなかった。Aがどこまで反省しているのか、それをきちんと文章に反映させなければいけなかった。しかし、Aの手記には残念ながらそれがありません。あの手記はそうした遺族の理解を得るために本来行うべきだった作業がすべて省かれている。話題になって売れればいいと急いで出版したのではないでしょうか。責任は担当編集者と出版社側にもある。手記の編集者である落合氏が担当して、同じ太田出版が出した一九九三年の『完全自殺マニュアル』にも当時は大きな批判が巻き起こりました。あの本を読んで、そこに書かれた方法を実践して自殺した人も出ました。太田出版はあのときと同じ感覚でAの手記を出してしまったのではないのか。『批判されればされるほど本は売れる』と考えているのかもしれませんが、『永続敗戦論』（白井《しらい》聡《さとし》著）を出した出版社のイメージダウンになったことは間違いない」

なぜ元少年Aは「匿名」にこだわったのか

手記に対しては「元少年A」ではなく、実名で書くべきだったとの批判もある。

週刊誌などのメディアには、遺族の気持ちをないがしろにして本を出す以上は倫理的に考えて自主的に実名を名乗るべきといった声や、出版当時三十二歳の「元少年A」がいまだに少年法に守られているのはおかしいといった著名人の意見が多く見られた。また、幻冬舎の見城氏も、Aが実名で書くことを手記出版の条件のひとつと考えていたと証言している。

こうした批判に対して太田出版の岡社長は『週刊新潮』二〇一五年七月二日号でこう反論している。

〈「実名出版か匿名出版かについては、正直、あまりこだわりませんでした。この点がここまで大きな問題になるとは想像もしていなかった。『少年A』は実名に等しく、イコール『彼』だと認知されていますし、そもそも事件当時、少年法のもとで名前は伏せられたわけですからね。それに彼自身が『元少年A』での出版を希望し、そうでなければ本を出せなかったと思います。彼は表に出ることを嫌がっていましたから」〉

この点に関しては元木氏も同様の意見だという。

「実名で出版しないのが無責任だという批判はよくわかりますが、逆に実名で出版すればAは日本中に行き場がなくなる。生命の保証すら危ぶまれるでしょう。もし実名で手記を出した場合に出版社がそうした事態に対して責任を取れるとは思えない」

実際にすでに「そうした事態」は始まっているように見える。

これまでもAの居場所をめぐってさまざまな報道がされてきたが、『女性セブン』二〇一五年七月三十日・八月六日合併号は「元少年A　潜伏生活一部始終と『猫の大量虐殺』の戦慄」との記事を掲載。それによれば、Aは一年ほど前まで母親のように慕っていた女性精神科医の実家の近くの浜松《はままつ》で暮らしていたが、女医に手記出版を反対されたことで関係が悪くなり、二〇一五年四月から都内のマンションに転居したという。

同誌はAと思われる男性に直接取材をしている。その男性は「まったく関係ありませんよ」と去っていったが、男性が住むマンション周辺では猫の惨殺死体が三匹も相次いで見つかったとして、暗にAが猫を殺したことを匂わせている。

手記を出版したことでいままで以上にAの周囲は騒がしくなり、メディアは彼を追跡しようとするだろう。すでにAの本名は一部の週刊誌やネット上の書き込みによって知られてしまっている。だからこそA自身も身元がバレることに神経質になって匿名にこだわる。実名で書くべきだったかどうかは成人かどうかの問題ではないのだ。

さらにAには「少年A」「酒鬼薔薇聖斗」という名前自体に対するこだわりもある。

彼は事件当時、淳君の口にくわえさせた犯行声明の「酒鬼薔薇聖斗」を「オニバラ」と読んだテレビに憤り、第二の犯行声明文を神戸新聞社に送っている。

〈人の名を読み違えるなどこの上なく愚弄な行為である。表の紙に書いた文字は、暗号でも謎かけでも当て字でもない、嘘偽りないボクの本命《ママ》である。ボクが存在した瞬間からその名がついており、やりたいこともちゃんと決まっていた。しかし悲しいことにぼくには国籍がない。今までに自分の名で人から呼ばれたこともない。もしボクが生まれた時からボクのままであれば、わざわざ切断した頭部を中学校の正門に放置するなどという行動はとらないであろう〉

〈ボクは自分自身の存在に対して人並み以上の執着心を持っている。よって自分の名が読み違えられたり、自分の存在が汚される事には我慢ならないのである。今現在の警察の動きをうかがうと、どう見ても内心では面倒臭がっているのに、わざとらしくそれを誤魔化しているようにしか思えないのである。ボクの存在をもみ消そうとしているのではないのかね〉

　名前へのこだわりから読み解けるのは、Aの強烈な自己顕示欲である。

「こだわり」は広汎性発達障害の特徴のひとつでもあるが、手記にも「あの酒鬼薔薇聖斗、少年Aは僕だ！」というきわめて強い思いが全編ににじみ出ているように思える。Aと同時期に関東医療少年院にいた元院生は以前、私の取材に対してこんなエピソードを語っている。

前述したように、医療少年院ではお互いがどんな犯罪を行ったか話すことは禁じられていたが、職員の目を盗んで、誰かが「どんな犯罪を行ったのか」と尋ねたことがあった。

このとき、ある院生が「僕は人を殺した」と告白した。女教師をバタフライナイフで殺害して当時話題となった事件の犯人だと知り、ほかの院生はやや引き気味になった。

そんななか、Aが突然、自分が起こした事件をほのめかした。

「僕も結構、人殺したんですよ。あったでしょう、神戸で……」

周囲は「あの酒鬼薔薇？」とどよめき、Aは質問攻めにあった。

Aは目を大きく見開いて舌をベーッと出し、叫ぶような表情を見せて難解な言葉で自分の犯行を誇らしげに説明し始めた。院生たちから興味津々で質問を受け、ある種の羨望《せんぼう》の眼差しで見られたこの瞬間、Aはうれしくてたまらないといった様子だったという。

先ほどの幻冬舎の見城氏の証言を思い出してほしい。

〈彼は『いつも自分が犯してしまった罪と罰にのた打ち回っています。そういう毎日でした。だけど十四歳であのような行為が出来た自分に対して、いまの自分が激しく劣等感を抱いていることは確かです』と言っていた〉

医療少年院を退院して初めて社会に出たAは、地味な仕事の地道な作業に毎日明け暮れた。手記にはプライドにこだわる記述も出てくる。

Aにとって「少年A」という名前は自分が「特別な存在」だという証しである。彼が小説ではなく手記という形にこだわったのも、おそらく同じ理由ではないだろうか。

「加害者の手記出版」は許されることなのか

Aの手記によって今後は重大な事件の加害者の手記が法律によって規制される可能性も出てきた。

土師守氏が二〇一五年七月十五日に加害者の出版を規制する法律の制定を求める要望書を、自民党司法制度調査会の犯罪被害者支援プロジェクトチーム座長である鳩山邦夫《はとやまくにお》衆議院議員に提出したためだ。こうした動きにはAの手記によってアメリカの「サムの息子法」が注目を集めたことも背景にある。

この「サムの息子法」とは加害者が事件をビジネス化して利益を得ることを禁じる法律である。

一九七六年から一九七七年にかけてアメリカのニューヨーク州で若い女性やカップルの六人が銃で射殺される事件が起きた。事件現場には「サムの息子」という名前で手紙が残され、市民を恐怖のどん底に突き落としたという。間もなく犯人は逮捕されたが、社会に大きな衝撃を与えた事件だったことから、出版社が「サムの息子」の手記の争奪戦を展開。なかでもマグローヒルという出版社が犯人に二十五万ドルもの大金を提示したことから批判が巻き起こり、それを機にニューヨーク州議会で急遽《きゅうきょ》制定されたのが「サムの息子法」だった。

この法律の特徴は、犯罪被害者救済委員会という州の機関が出版社に働きかけて加害者が手記や映画化など事件の暴露で得る報酬を委託させ、被害者が補償を求めた裁判で勝訴すれば委託金が被害者救済にあてられるという点である。その後、同様の法律が全米の四十以上の州で制定され、憲法で保障された表現の自由をめぐる論争を経たのちに改正されて現在にいたっている。誤解されることが多いが、被害者救済というより、あくまで加害者が事件の暴露で利益を得る「モラルハザード」を防ぐことを主目的とした法律だ。

そこでAの手記を機に「サムの息子法」のような法律を日本でも制定すべきだという動きが高まっているのである。

そもそもAはまだ被害者遺族への賠償金の支払いを終えていない。

これまでの報道によれば、Aの両親は淳君と彩花ちゃん、もうひとりの女児の被害者に対して総額二億円もの賠償責任を負っている。Aの父親は三十年間勤めた大企業を辞めて賠償金の頭金にあて、Aの両親が出した手記の印税も全額が賠償金の支払いにあてられた。それ以外にも毎月、両親は六万円、A自身は一万円を支払い続けているが、現在も一億円以上の支払いが残ったままだ。

また、Aは手記の印税の一部を賠償金の支払いにあてるという噂もあるが、手記にそのことが記されているわけではないため真偽のほどはわからない。前述した四百万円以上の印税の前借りに加えて、Aにも最低限の生活を送る「生存権」の問題があるとはいえ、「サムの息子法」を制定すべきとの議論が起こるのも無理はない。

しかし、私がそれ以上に気になるのは、手記がこれほど話題になって十万部以上のベストセラーになったことが、Aの今後にどのような影響をおよぼすのか、ということである。事件の加害者が手記を出すこと自体に絶対に反対というわけではない。

この点について、元木氏はこう語っている。

「犯罪を行った人間に対して被害者や遺族の感情があるからといって手記の出版を禁止することには反対です。それが正当化されれば出版・表現の自由が阻害される要因となり、健全な社会とは言えなくなります。過去においても犯罪を行った人間の手記や創作がいくつも発表されてきました。死刑囚だった永山則夫《ながやまのりお》、パリ人肉事件の佐川一政《さがわいっせい》、連続幼女殺害事件の宮崎勤《みやざきつとむ》、地下鉄サリン事件の林郁夫《はやしいくお》、イギリス人リンゼイさん殺害の市橋達也《いちはしたつや》……。犯罪を行った人間がそれをいまどう考えているか、なぜ事件を起こしてしまったのかを知るうえで手記には一定の意義があります。ただ、『絶歌』に関してはそれがきちんと語られていないところが問題なのです」

一九九七年の家裁審判のときにAの付添人を務めた弁護士の野口善國《のぐちよしくに》氏も〈加害者が手

記を出版する意味は2つある。当事者として事件の概要を可能な限り客観的な視点で詳《つまび》らかにし、類似事件の再発を防ぐことと、被害者への謝罪の姿勢を示すこと〉としたうえで審判に入る前や医療少年院時代の矯正教育がまったく書かれていないことが問題だと指摘している。

神戸家裁の井垣元判事もまったく同じことを語っている。

手記についてAの審判や矯正教育にかかわった人たちからの批判や疑問が寄せられるのは、Aがいったいなんのために手記を出したのか、その出版の意義が見いだせないからである。

Aはこのままだと贖罪とは違う方向に向かい始める可能性がある。法務省関係者は当初から今回のような事態を恐れていた。『2500日全記録』の取材中に、ある法務省関係者は私に次のような証言をしたことがあった。

「たとえば大金を積んで手記を書かせようとする者もいるでしょう。それで億単位のお金が入ったら、彼は自由に動き回ることができるようになってしまう。だから一挙に押し寄せるであろうさまざまな誘惑をはね返すケアも必要なのです」

もし贖罪意識の表現のひとつに執筆という方法があるとするならば、今後はきちんとした段階を踏んだうえで支援者のアドバイスのもとに行うべきだろう。

少年院で受けた贖罪教育はあくまでも出発点でしかなく、その後の長い人生のなかで途切れることなく続けていかなければならないものだ。この手記を見るかぎり、贖罪意識は途切れていて、それどころか逆行しているように思える。

Aがいま取るべき行動は、遺族側からの視線を決して逸らすことなく、納得してもらえるような贖罪意識を一刻も早く示し、具体的な贖罪行動をスタートさせることなのではないだろうか。

おわりに　加害少年を「浦島太郎」にしない社会をつくるために

二〇一一年三月十一日の東日本大震災、それにともなう福島《ふくしま》第一原子力発電所事故、最近では新国立競技場の建設見直し、安保法案の衆議院通過。ここ数年、以前の日本では考えられなかった、「まさか」と思うことが頻繁に起こる時代になったように思う。

そんななか、二〇一五年六月十日、突然、元少年Aによる手記の出版が伝えられた。これも間違いなく「まさか」のひとつに入る出来事だ。

今回の緊急出版にあたり、私は久しぶりに『2500日全記録』の出版当時の取材ノートやデータをあらためて取り出し、すべて読み直してみた。

神戸連続児童殺傷事件。十八年前の一九九七年に起こった事件である。

一九九七年といえば消費税が三％から五％になった年で、三月には被害者に対する行きすぎたプライバシー報道が問題となり、容疑者の冤罪《えんざい》を招いた「東電OL殺人事件」が起こっている。十一月には山一證券《やまいちしょうけん》が破綻、世界的にはダイアナ元イギリス皇太子妃がパりで事故死したのもこの年の八月だった。

これらの出来事を聞くと、「あれからもうそんなに時間がたったのか」という感想を持つだろう。しかし、目の前に開かれた当時の取材ノートに書かれている関係者の言葉を目で追っていくと、いままさに事件が起こっていて、自分がリアルタイムで追いかけているような錯覚に陥った。時間の経過のせいだろうか、一つひとつの事実が以前より重く私に覆いかぶさってきたのだ。

執筆にあたり、私は以前の取材協力者を何年かぶりに訪ねてみようと思った。案件が案件だけに、なかには残念ながら取材を断ってきた人もいた。当時の記憶をひもときながら、またあるときは、からまった糸をほどきながら記憶をよみがえらせてインタビューを行った。話をしていくなかで、当時は断定できなかったことや白日のもとにさらすことができなかった新事実も、時代にあぶり出されたかのように露わになった。おそらく手記が発表されることがなければ、これらの新事実は永遠に封印されたままだったかもしれない。

今回、『絶歌』を出版したことを何かにたとえるとしたら、Aは絶対に開けてはならなかった「玉手箱」を、みずからの手で開けてしまったということだ。

私なりのたとえ話で「浦島太郎《うらしまたろう》」の話とAの話を比較してみる。

浦島太郎は子どもたちにいじめられている亀を助けたことによって、お礼として乙姫《おとひめ》様がいる竜宮城《りゅうぐうじょう》に連れていかれる。一方、Aの場合は浦島太郎とすべて逆で、なんの罪もない、自分より弱い幼児を殺《あや》めた。その結果、医療少年院に入院して自由を奪われた生活を余儀なくされる。興味深いことに、ここまでは一八〇度違う、まったく逆のストーリーである。

そして浦島太郎は自分の意思によって元の世界に帰ることを伝え、またAは矯正教育を終えたことによって元の社会に帰ることになった。これもまた、まったく正反対の経緯をたどる。

問題はここからである。浦島太郎の場合は亀に連れられて浜に帰ると、そこには知っている人が誰もいないことに気づく。不安になった浦島太郎は竜宮城でもらった「決して開けてはならない」と念を押されていた「玉手箱」を誘惑に負けて開けてしまう。すると煙によって一瞬にして老人になり、別世界に放り出されたような状態になってしまうというものだ。

Ａの場合はどうだろう。社会に戻ってきたときには周囲に支援者がいた。完全な孤独ではなかった。そして、ゆっくり社会生活を始め、最も重要である遺族に対しての謝意を時間をかけて伝えることを始めていった。しかし、Ａも時間の経過とともに浦島太郎と同じく誘惑に負け、支援者や遺族の思いを振り切って手記を出版した。

両者に共通しているものは何か考えてみた。それは「他者とのかかわりを放棄したこと」である。

今も昔も同じで、日常生活でかかわっていた支援者や関係者に対する恩や感謝を忘れてしまったら、どんな善行を行っても結局、最後は孤立していくことになる。身勝手な欲求を抑えて自発的に他人と接点を持つ努力をしなければ「感情の共有」は生まれないし、生活上での「時間軸」を合わせることもできないだろう。

Ａは「孤独」である時間が過ぎ、現在は「孤立」状態となった。Ａの特性を考えると、他人といるのではなく、ひとりでいることのほうが心地よいのだろうが、他者から注目を浴びることはこのうえない優越感なのだ。手記を出版すれば再び社会にインパクトを与えることができ、印税も手に入り、たとえ孤立した状態であっても、どうにか日常生活を送っていくことができると考えたのだろう。

しかし、この世の中、そう簡単にはいかない。「いまが苦しいから」と言い訳をしたところで、そう考えるにいたったAの苦悩の重さと、いままで遺族側に施してきた「贖罪行動」を天秤《てんびん》にかけて世間から「釣り合っている」と思われないかぎり、このような手記が批判されるのは当然であるし、支援者たちからも「がっかりした」と言われるだろう。なぜなら、天秤の片側にはまだ何も載っていないからだ。

世間一般はAに対して完全に更生した人間であることを要求している。

しかし、あのような重大事件を起こした少年が、たとえ可塑性が高い成長期の年齢だとしても、わずか六年ほどの少年院の教育で、その後、すぐに完璧な社会生活を送ることができる人間に変われるだろうか。もちろんそうあってほしいと願う。しかし、少年院はあくまでも贖罪意識の出発点でしかない。

今後、Aは遺族のことを慮《おもんぱか》り、贖罪行動を命あるかぎり実行していかなければならない。贖罪行動がともない、遺族感情を少しでも和らげることができたときに初めて社会と「触れ合った」と言うことができるのだ。

人は孤立したままで一生を過ごすことはできない。そのことを理論的にAに理解させる必要がある。

今回の取材中につかんだ新事実として、Aが広汎性発達障害であったということを述べた。誤解のないように何度も言っておくが、広汎性発達障害を持つ人が犯罪や事件を起こしやすいということでは決してない。Aの場合は広汎性発達障害の「二次障害」が特異な「性的サディズム」と相まって事件が引き起こされたものだ。したがって同様の障害を持つ青少年が蔑視されるようなことは絶対にあってはならない。

広汎性発達障害については年々研究が進み、関連書籍は十年前とは比べものにならないほど数多く出版されている。学校や社会での理解も広がり、支援態勢も進んでいる。私があらためて伝えたいことは、「二次障害」を起こさないためにも「早期発見」「早期認知」「早期治療」の三つが何より大事だということだ。

二〇一三年五月にアメリカ精神医学会の診断基準「DSM」(『精神障害の診断と統計マニュ

アル』Diagnostic and Statistical Manual of Mental Disorders）が十九年ぶりに改訂された。「ＤＳＭ」とは「アメリカ精神医学会」という一団体によってつくられた「診断基準」ではあるが、世界中で使われている事実上のグローバル・スタンダードになっている。

日本でもこの「ＤＳＭ」の改訂によって、いくつかの変更が行われた。

まず、改訂前の「ＤＳＭ－Ⅳ－ＴＲ」では、小児自閉症やアスペルガー障害などのサブカテゴリーを含む「広汎性発達障害」と呼ばれていたものが、改訂後の「ＤＳＭ－５」では「自閉症スペクトラム障害」というひとつの診断名に統合されたのである。

この本ではまだ改訂前の事件を取り上げたため、診断基準は「ＤＳＭ－５」ではなく、当時の「ＤＳＭ－Ⅳ－ＴＲ」に沿って記述した。そのため「自閉症スペクトラム障害」ではなく「広汎性発達障害」という言葉を使用している。

日本でも今後はこの考え方に追従していくと考えるが、厚生労働省や発達障害者支援法ではＷＨＯ（世界保健機関）の診断基準である「ＩＣＤ－10（国際疾病分類第十版、現在改訂作業中）」を現在でも採用しており、そこには「自閉症スペクトラム障害」という診断名は存在しないということをつけ加えておく。

私自身、いままで多数の少年事件を扱ってきたが、加害少年が成人になり、本当に更生したのかどうかについての検証を行ったのは今回が初めてのことだった。事件発生後から手記出版までの十七年間にわたる時間の流れを検証することによって、ひとつの結論を導き出すことができたと思うが、果たしてみなさんはどう感じるだろうか。

この本を執筆するにあたり、取材を受けていただいた当時の関係者および精神科医の方々、出版プロデューサーの元木昌彦氏、取材活動に協力してくださった清談社の岡﨑雅史氏と松原麻依氏、緊急出版ということで迅速な対応をしていただいたイースト・プレスの畑祐介氏、そのほかこの本の出版に協力してくださった方々全員に感謝の意を表したい。

最後に、事件で犠牲にならなければ二十八歳になっている土師淳君、同じく二十七歳になっている山下彩花さんのご冥福を、あらためてお祈りいたします。

二〇一五年八月一日

草薙厚子

参考文献

元少年A『絶歌』(太田出版、二〇一五年)
草薙厚子『少年A矯正2500日全記録』(文藝春秋、二〇〇四年)
草薙厚子『ドキュメント 発達障害と少年犯罪』(イースト・プレス、二〇一四年)
草薙厚子『追跡！「佐世保小六女児同級生殺害事件」』(講談社、二〇〇五年)
「少年A」の父母『「少年A」この子を生んで……』(文藝春秋、二〇〇一年)
佐々木央「少年A神戸連続児童殺傷家裁審判『決定(判決)』全文公表」『文藝春秋』(文藝春秋、二〇一五年五月号)
井垣康弘、草薙厚子「担当裁判官VS.草薙厚子『少年Aは更生したのか』」『週刊現代』(講談社、二〇〇六年三月四日号)
十一元三、草薙厚子「脳と心と少年事件」『月刊現代』(講談社、二〇〇七年一月号)
「少年A　犯罪の全貌」『文藝春秋』(文藝春秋、一九九八年三月号)
井垣康弘「元少年A『絶歌』に書かなかった真実」『文藝春秋』(文藝春秋、二〇一五年八月号)
「少年A〝母親代わり〟女医激怒」『週刊文春』(文藝春秋、二〇一五年七月二日号)
十一元三、草薙厚子「十一元三VS.草薙厚子　少年犯罪と『脳』」『週刊現代』(講談社、二〇〇五年十一月二十六日号)
「少年A『手記』出版　禁断の全真相」『週刊文春』(文藝春秋、二〇一五年六月二十五日号)
「『少年A』が自己顕示した『14歳の肖像』」『週刊新潮』(新潮社、二〇一五年七月二日号)
「気を付けろ！『元少年A』が歩いている！」『週刊新潮』(新潮社、二〇一五年六月二十五日号)
「元少年A 潜伏生活一部始終と『猫の大量虐殺』の戦慄」『女性セブン』(小学館、二〇一五年七月三十日号)

元少年《もとしょうねん》Aの殺意《さつい》は消《き》えたのか

神戸連続児童殺傷事件《こうべれんぞくじどうさっしょうじけん》 手記《しゅき》に見《み》る「贖罪教育《しょくざいきょういく》」の現実《げんじつ》

2015年8月24日 第1刷発行

著　者　草薙厚子《くさなぎあつこ》

装　幀　時枝誠一
本文DTP　小林寛子
編　集　株式会社 清談社

編集長　畑 祐介
発行人　木村健一
発行所　株式会社イースト・プレス
〒101-0051
東京都千代田区神田神保町2-4-7 久月神田ビル8F
TEL:03-5213-4700 FAX:03-5213-4701
http://www.eastpress.co.jp

印刷所　中央精版印刷株式会社

ISBN978-4-7816-1356-7 C0095

イースト・プレス 人文書・ビジネス書
twitter: @EastPress_Biz
http://www.facebook.com/eastpress.biz